絵本の泉

ehonnoizumi

心を育む
絵本の名作40

高原典子 著

挿画＝有賀 忍

はじめに

あるお母さんから「子どもに絵本を読んであげると、どのような良いことがありますか？早く自分で読めるようになれば、手間がかからなくてすむのに」とのご質問を受けました。確かに日々忙しい中で、子どもと絵本タイムをもつことは、けっこう手間のいることかもしれません。

絵本について、このことから考えてみましょう。

私は最近まで、短期大学の保育者養成校の教員でした。「児童文化」の授業で、毎年、絵本の読み語り演習を行い、学生さんに「絵本についての思い出」も書いてもらいました。すると多くの人が絵本の内容以上に、「子どものころ、忙しい母が、夜寝る前に絵本を読んでくれるときだけは、しっかり私を見てくれるのでうれしかった」という思い出を書いているのが、印象的でした。

また、幼稚園や保育所の保育者になった卒業生から、「何かクラスの子どもたちが、最近落ち着かないなと思えるときに、絵本を読んであげると、気持ちが通じやすくなって、自然に子どもたちが落ち着いてくるんです」ということも聞きました。

つまり絵本という文化財は、読み語りの楽しさを通して、読み手の愛情が聞き手に伝わるものといえるでしょう。そして、絵本を子どもに読んであげる時間も手間も、読み語りをめぐるすべてのコミュニケーションが、子どもたちの心の糧になるのではないかと思います。

子どもは、絵本タイムのたびに「ありがとう」とは言いませんけれど、ちゃんと自分を見て読んでくれる身近な家族や保育者の先生の声と笑顔を心に刻み、限りない安心感を得るのでしょう。

このように、読み語りは、手間を超えてあまりある宝物を、子どもたちに、もたらすもののようです。それだけでなく、読み手のおとなにも、うれしい贈りものが届くのです。それがどんな贈りものなのかは、あとのお楽しみです。

ところで、子どもが文字を習得するのは、おおよそ小学校入学後でしょう。昨今は早期教育によって、就学前に文字学習が進められる場合もありますが、絵本はひらがなの多い表記のため、実はおとなにとっても音読しにくい本なのです。まして就学前に、絵本を文字学習の教材にするのは、水準が高すぎる気がします。

音読が難しいだけでなく、文字と絵は同時に読み取ることが難しいからです。

絵本は、子どもが読み手の声を通して耳からストーリーを聴き、目で絵を見て、楽しむものでしょう。絵本を読んでくれる養育者や身近な人のぬくもりの中で、新しいことばを覚え、コミュニケーションも含めてことばを豊かにできるチャンスなのです。

絵本の絵は子どもにとって楽しみと情報の宝庫です。ですから、絵の細部までよく見るためには、仮にひらがなが読めても、読み語りが必要でしょう。絵本は、テレビやDVDのように画面が次から次へと流れず、画面が静止している良さがあります。それによって、想像力はより豊かに働きますし、読者が自分のペースでページを開くこともできるのです。

絵本は子どもだけではなく、おとなにとってもいろいろな味わい方ができるのが魅力です。

本書では、子どもとおとなの心を豊かに育む四十冊の絵本について、その魅力をご紹介するよう心がけました。

このガイドが、少しでも皆さまのお役にたてれば幸いです。

目次

1

思いやりの心を育む ぬくもりの絵本

元気が出る手紙

色彩が美しく、画集のような趣のある絵本です。謎解きのおもしろさ、メッセージ性の豊かさの点でも、子ども以上におとなが癒されるかもしれません。

主人公のクマネズミは、元気がありませんでした。もう何日も顔も洗わず、パジャマを着たままで一日中ぼんやりと過ごす、「パジャまんま」状態でした。「あーあ、つまんないな。なんにも　することがない。だれかと　なにかを　いっしょにする　やくそくもないし、だれもあいに　きてくれない。」沈んだ気持ちで何日も過ごしていましたが、ある日、ポストに黄色いきれいな手紙が届いたのです。

「クマネズミくんへ
きみは　すてきな　ともだちです。きみと　ともだちになれて　ほんとうによかったと

対象年齢：7・8歳〜

『ともだちからともだちへ』
作＝アンソニー・フランス
絵＝ティファニー・ビーク
訳＝木坂涼、理論社

おもっています。きみはたいせつな　たいせつなともだち。それをつたえたくて　てがみをかきました。またね！」

なんとうれしい手紙でしょう！　元気が出ました。でも、差出人は不明です。そこでクマネズミは、だれが書いてくれたのか、捜しに行くことにしました。急いで顔を洗い、まずカヤネズミのところです。ところが、彼は「すてきな　てがみだね」と言っただけで、自分が書いたとは言いませんでした。ずっと屋根を直していたというのです。そこで、クマネズミも修理を手伝いました。

次の日は、緑の野原を越えてカエルに聞きに行きました。ところが、カエルは足にけがをして休んでいました。クマネズミは、けがのことを知っていたら、もっと早く来たのにと言って、手助けしました。カエルも、やはり手紙の主ではありません。

そこで、翌日はコウモリを訪ねました。

ところが彼はカーテンを締め切り、「パジャまんま」状態だったのです。そして、「きみが　ほんとうに　ぼくの　ともだちなら、もっと　はやく　あいにきてくれたって　よかったじゃないか」と愚痴っぽく言いました。

そこで、クマネズミは手紙の差出人捜しはもうやめ、友だちと楽しく集うパーティを企画しました。カヤネズミとカエルにも手伝ってもらい、友だちに招待状を配りました。コウモリのポストには、赤い封筒の特別な手紙を入れました。

さあ、その手紙にクマネズミは、いったいどんなことを書いたのでしょうか。最も気になるクマネズミへの手紙の差出人については、絵本の中にヒントが見つかるはずです。

クマネズミが落ち込んでいるとき、手紙によって元気になったのはなぜでしょうか。

手紙の主は、彼のことをよく知っていて、無記名の手紙によってクマネズミが差出人捜しを始めること、「パジャまんま」状態から解放され、友だちとのコミュニケーションも再開することがわかっていたのでしょう。

「クマネズミくんへ」という温かなメッセージは、何より彼を力づけたにちがいありません。だれからも忘れられたような孤独のただ中で、自分を忘れないでいてくれる人がいる。自分を大切に思ってくれる人がいる。「きみと　ともだちになれて　ほんとうによかったと　おもっています」とわざわざ書いてくれた人がいる。しかも「またね！」と、これからもずっと友だちでいてくれる。そんな存在に気づいたら、落ち込む前よりももっと元気になれるでしょう。そして、落ち込んだときに力づけてもらった人は、立ち直ったときには、今度は友だちをも力づけることができるのでしょう。

本作品では、そうした思いやりがつながる、手紙のメッセージ力にあらためて気づかされます。

私自身も今まで友人、知人からのたくさんの慰めや励ましのお手紙に力づけられてきました。そのうちの何通かが入院中に知り合った病室の患者さんや、お世話になった看護師さんからです。中学時代の盲腸炎の手術に始まり、手術入院のたびに一人ずつ増えたペンフレンド。病室で出会い、ともに闘病した友人宛てに手紙を書く元気が与えられるのは、うれしいことですが、それ以上に手紙をいただけることは、もっとうれしいのです。

この絵本では主人公を気遣い、名前を明かさずに手紙をそっと届けるというユーモアがあります。そんな距離感があるゆえに、友だちとしての思いも照れずに書け、コミュニケーションが広がっていったのかもしれません。

子どもの共感力を引き出す

小学校の教科書にも掲載され、出版以来、小学生に根強い人気の名作です。作者の灰谷健次郎さんが小学校の先生として子どもたちと過ごした十七年という年月、そして、子どもたちへの熱い思いが生み出した作品です。

小学一年生五人でかわいがっている犬の「ろくべえ」が、穴に落ちてしまいました。それを最初に見つけたのは、えいじくん。しかし鳴き声が聞こえるばかりで、暗い穴の中はよく見えません。

みつおくんが家から懐中電灯を持ってきて、穴の中を照らし、みんなで「ろくべえ。がんばれ」と応援しましたが、ろくべえを助けるためには、どうしてもおとなの力がいりそうです。ところがお母さんたちときたら、具体案を出すでもなく、わいわいがやがやと「むりよ」「おとこでなくちゃ」などと言った挙句、帰ってしまったので、がっかりでした。

対象年齢：5歳～

『ろくべえ まってろよ』

作＝灰谷健次郎
絵＝長新太
文研出版

一方、穴の中のろくべえは丸くなってじっと動かないままです。そこで元気が出るように、みんなで「どんぐりコロコロ」や「おもちゃのチャチャチャ」を歌ったり、ろくべえが好きなシャボン玉を吹いて喜ばせようとしましたが、元気にならないので、みんな心配でたまりませんでした。

そんなとき、ひとりの暇そうなおじさんが通りかかったので事情を話し、助けを求めました。ところがその人は、落ちたのが犬でよかった、人間だったら大変だったと言って、どこかへ行ってしまったのです。

子どもたちは、もうおとなはあてにはならないと思い、必死で考えました。そして、ろくべえと仲良しの犬、クッキーをかごに入れて穴に下ろし、そのかごの中にろくべえに入ってもらって釣り上げる名案を思いついたのです。

みすずちゃんが早速クッキーを連れて来て、ろくべえのもとへと下ろしました。ところが、ろくべえとクッキーはじゃれあって、なかなかかごの中へいっしょに入りません。さて、今後の展開はどうなるのでしょうか。

この絵本での子どもたちの視線は、つねにろくべえを元気づけること、救出することに向けられています。ろくべえは犬ですが、何としても助け出したい大切な友だちなのです。一方、おとなにとってのろくべえは、人間ほど重要ではなく、たかが犬でしょう。それは、通りがかりのおじさんの発言からもうかがえます。

しかし、子どもは、お母さんたちの考え、すなわち穴の底にはガスが溜まっているかもしれないから、子どもが穴に降りて行くことは絶対禁止という現実思考を、まず受け入れました。けれども本題は、ろくべえをいかに助けるか、なのです。子どもは、自分たちほどは救出に熱心になれないおとなの狭量さに落胆し、おとなに頼るのはやめました。そして、自分たちで救出するしかないと決意したとき、いっそう子ども同士の団結力や真剣さが発揮されたのです。

このとき、子どもたちの考えついた方策は、救出の方法にしろ、ろくべえを元気づける方法にしろ、普段のろくべえとの温かい交流で培われた、子どもならではの発想でしょう。そのようなろくべえへの愛情と行動力が、子ども読者の共感を呼び、心を動かすのです。

子どもが真剣になったときの力というものを、この絵本はまざまざと見せてくれます。

ところで長新太さんの絵は、ザックリとおおらかで無駄がなく、絵だけでストーリーがわかります。穴の深さを見せる工夫、子どもたちのろくべえを思う表情、おとなの、子どもに付き合いつつ一歩引いた表情もみごとに表現されています。

つまり物語が絵で読み取れるので、年齢が小さくても、比較的大人数の読み語りでも使え、読者の心に響く絵本といえましょう。最後の場面の子どもたちの喜びの表情は、まさに絵本ならではのクライマックスです。

また、ある意味で冷たく見える母親たちも、子どもに付き合いつつ、危機管理はするけれど、結果的には干渉せず、子どもの自主性に任せるという姿勢を学ばせてくれるのかもしれません。

チャンピオンの条件

小学生のおはなし会などで人気のある、ユーモアと静かな感動に満ちた作品です。自然の美しさを描写した絵も魅力的です。おはなし会で、この絵本のタイトルを読んだとたん、最後まで動かない子どもも読者もいるそうです。

ある日、あひるとがちょうが湖で会いました。

あひるは泳ぎに自信があります。わたしの泳ぎを見てよ！　と、がちょうに自慢しました。するると、がちょうが「ふむ、わるくない。でも　ぼくのほうがはやいな」と答えたので、二羽は、湖の対岸をめざして、どちらが速いか競争をしました。ところが勝利したのはあひる。がちょうは悔しがり、今度は空を飛ぶ競争をすることになりました。そして、がちょうが勝利しました。

そこであひるは考え、ほんもののチャンピオンを決めるために〝うごいたらまけ〟という競争を提案しました。ともかく動いたら負けという競技です。あひるは、自分も動かないように気をつけながら、がちょうがいつ動くかと見張っていました。

そこへ一匹の蜂がブンブン飛んで来ました。次はうさぎの群れ。それから、からすの大群の襲来、突然ものすごい風も吹きました。そのたびに二羽とも振り回されましたが、微動だにしませんでした。あひるはがちょうを見ながら、負けるものか、と思ったのです。

そこへ来たのが怖そうなきつね。きつねは、あひるとがちょうが動かないのをいいことに、二羽とも袋に入れてしまいました。あひるは、相手が動かないので、負けるわけにいかなかったのです。

さて、きつねは二羽を家へ運ぶと、シチューの用意をし、鍋に野菜を放りこみました。そして、まずがちょうを煮立った鍋へ入れようとしましたが、相変わらずピクリともしません。あひるは焦りました。このままがちょうが動かなかったら、きつねに食べられてしまいます。

対象年齢：7歳～

『うごいちゃ だめ！』

作＝エリカ・シルヴァマン
絵＝S・D・シンドラー
訳＝せなあいこ、アスラン書房

あひるは葛藤しましたが、思いきって……。

この絵本のストーリーは、「だんまりくらべ」という日本の笑い話に類似しています。おいしいお餅をめぐって、おじいさんとおばあさんが無言のだんまり勝負をしました。結局、泥棒が入って、お餅を食べようとした瞬間、先に声を上げたおばあさんのほうが負け、無言を通したおじいさんが、おいしいお餅にありつけたというお話です。

「だんまりくらべ」の場合は、生死がかかっていませんので、泥棒に対して声をあげてしまったおばあさんの負け、という単純な勝負の展開が見られました。

しかし、生きるか死ぬかに通じるこの絵本は、いっそうスリルに満ちています。

優先すべきは、命です。単に体を動かさないという表面的なことよりも、現実的にきつねに調理の手を止めさせなければなりません。その声を上げるのは、がちょうか、それともあひるか。お互いの心中を推し測るなかでの決断が迫られました。

しかし、急転直下、解決が得られた後の、あひるとがちょうの会話の魅力的なこと！

あひるは言います。この勝負は、がちょうさんの勝ちね、と。一方、がちょうも、あひるさん、本当のチャンピオンは、きみじゃないかと思うんだ、と言います。お互いに相手の良さを認める親和的感情と心のゆとりが見られます。

チャンピオンの条件とは何でしょうか。

本作品のおもしろいところは、途中から、二羽の心情に大きな変化が表れ、勝負の意味が変わったことです。

最初は、自分のほうが相手よりもすぐれていることを証明するために始めた競争でした。しかし、きつねという共通の敵から身を守るうちに、互いにライバルではなく、かけがえのない同志になり、相手のすぐれたところを認め合える友へと変わっていったようです。相手をチャンピオンとして認められるようになるためには、何よりも相手を自分よりすぐれているとする謙虚な姿勢が必要でしょう。それこそが、チャンピオンの条件と言えるのではないでしょうか。

「ごめんね」は癒しのことば

この絵本を含む『ともだちや』シリーズは、どの作品も深い洞察に満ちた、人との確かな心の触れ合いの物語絵本です。それは作者自身が、子ども時代からの家族との壮絶な確執を経て、平安を得た体験の中から生まれたからかもしれません。

本作品の登場人物は、仲良しのキツネとオオカミ。しかし、今回はケンカが始まります。

ある雨の日に、ふたりはオオカミの家で遊びますが、すべてのゲームでキツネが勝ってしまいました。するとオオカミは悔しくて、腹立ちまぎれにキツネがインチキしたのだと言い張り、大雨の中を外に追い出してしまったのです。キツネも怒り心頭に発しました。

オオカミはすぐに、自分の言いすぎだったと後悔し、自己嫌悪に陥ります。キツネがインチキなどしないことは、オオカミがいちばんよく知っていたのです。

しかし次の日、いざ道でキツネに会うと、「ごめんな」とは言えませんでした。キツネも「オオカミさん」と声をかけたかったのに、思わずそっぽを向いてしまいました。ほんとうは仲直りして、いっしょに遊びたいのに、素直にことばが出てこないのです。

そして三日目、ふたりは大きな木の幹をはさんで立っていました。

オオカミは「『ごめん』も　いえないなんて。わるいのは　おれなのに」と爪をかみました。

キツネは「いやだよ、いやだよ。オオカミさんと　これっきりになるなんて……」と涙をこぼしました。

これからふたりはどうなるでしょうか。

対象年齢：3歳～

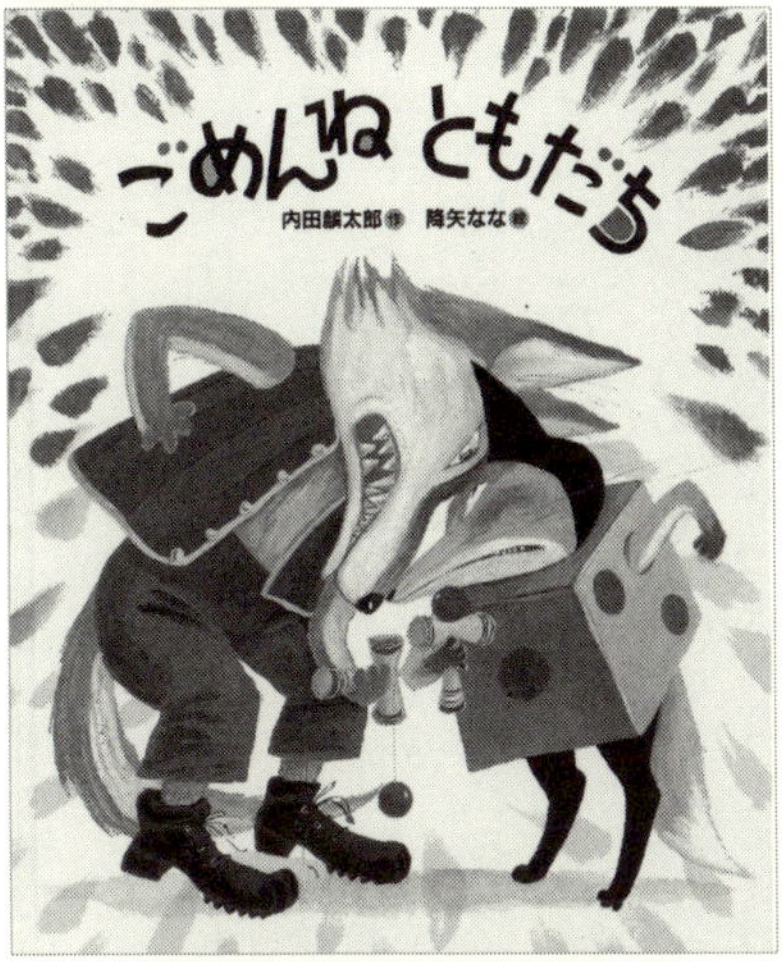

『ごめんね　ともだち』

作＝内田麟太郎
絵＝降矢なな
偕成社

この絵本では、「ごめんね」に至るふたりの心の葛藤が鮮やかに描かれ、温かい結末が魅力的です。画家・降矢ななさんによる登場人物の感情豊かな表情、自由闊達《かったつ》な絵も読者の心をとらえ、作品のユーモアをみごとに引き出しています。

さて、謝るというのは、何と難しいことでしょうか。友だちより身近な家族のほうが難しいのかもしれません。

絵本作家・内田麟太郎氏は九州生まれ。六歳のときに生母を失い、新しい母に育てられました。しかし継母は内田さんを愛せず、自分の連れ子と差別していじめたようです。しかも家族の中に、表立って彼をかばい、そのいじめを止める人はいませんでした。

内田さんは、苦しさから逃れるために、問題行動を繰り返しましたが、心の平安は得られませんでした。そして十九歳のとき、継母を殴り倒して上京し、職を得て自活しました。やがて絵本作家になります。

その後、「絵本にっぽん賞」受賞のことを故郷の継母に電話で報告すると、継母は「亡くなったお父さんにも聞かせてあげたかった」と泣いて喜んだそうです。そして内田さんが講演で帰郷し、何げなく二人でお茶を飲んでいるときに、継母は「麟ちゃん、愛さなくてごめんね」と謝ったそうです。内田さんは「もう、いいよ」と答えました。

しかしようやく心の重荷をおろした後、毎晩、夢の中で子どもに戻り、慟哭《どうこく》といってもよいほどの、目覚めても泣きやむことのない夢を見る日が三年間も続いたといいます。

幼少期から、継母にいじめられても、家族、特に父親からかばってもらえない体験を重ねると、被害児は、いじめられた出来事は嘘なのではないかという自己不信に陥り、そのつらい体験を否認するようになるといいます。

内田さんの継母のように、いじめを認め、誠実に継子に謝る母は稀だと思いますが、それによって、継子は、出来事が真実であったという自己信頼が回復し、つらい体験をしたインナーチャイルド（内なる子ども）の癒しが始まります。たとえ数十年経っていても、癒されるのです。「麟ちゃん、愛さなくてごめんね」という真摯な謝罪には、深い愛があふれています。見栄も外聞も捨て、自分の不十分さを認めるとき、そこからにじみ出る愛の、限りない癒しの力は測り知れません。

この絵本では、作者のまなざしが、つねに登場人物双方の心の痛みに寄り添い、偏りがなく温かく物語を包みこんでいます。子どもの遊びや心理を熟知したストーリーテラー内田麟太郎さんならではの結末でしょう。

思いやりの輪

ユーモラスで温かな結末を迎える超ロングセラーです。柿本幸造氏のおおらかな絵が、物語のほのぼのとした味わいを表現しています。

うさぎさんが、自分の姿に似たかわいい木の椅子を作りました。だれでも使えるようにと、大きな木の下に置き、「どうぞのいす」と立て札を立てて帰りました。

すると、ろばさんがやって来ました。

「どうぞのいす」を見ると、「なんて　しんせつな　いすだろう」と、持っていたバスケットを椅子の上に置きました。中にどんぐりがたくさん入っているので、重かったのです。疲れていたろばさんは、大きな木に寄りかかって昼寝を始めました。

そこへやって来たのは、くまさん。

「どうぞのいす」の上には、おいしそうなどんぐりが置いてあるではありませんか。「これはごちそうさま。どうぞならば　えんりょなく　いただきましょう」と、どんぐりを全部食べてしまいました。でもその代わり、後に来る人のために、はちみつのたっぷり入ったビンを置いて帰りました。

次に来たのは、きつねさん。

椅子の上に、はちみつのビンが置いてあるのを見つけると、「どうぞならば　えんりょなく　いただきましょう」と、全部きれいになめてしまいました。そのはちみつのおいしかったこと！　でも、あとの人のために、焼きたてのパンを一本置いて帰るのも忘れませんでした。

まもなくやって来たのは、十匹のりすさん。

「どうぞのいす」の上に、おいしそうなパンを見つけ、「どうぞならば　いただこう」と、遠慮なくムシャムシャと食べてしまいました。でも、りすさんたちは、持って来た栗でかごをいっぱいにして帰りまし

対象年齢：3歳〜

『どうぞのいす』

作＝香山美子
絵＝柿本幸造
ひさかたチャイルド

た。

やがてろばさんが目覚め、バスケットの中に栗が入っているのを見てびっくり！　そのユーモラスな姿は、ぜひ絵本でご覧ください。

この物語は、一九七六年出版の紙芝居『どうぞのいす』によれば、香山美子氏が最初、雑誌『たのしい幼稚園』（講談社）の「ママの手帳」欄に「おかあさんが読んできかせるお話」として書いたものでした。作者としては、昼寝をしていて何も知らなかったろばさんの幸を読者に喜んでほしいということ。わずかな好意やちょっとした思いやりが、たとえ相手に気づかれなくても、決して消えてしまわない不思議さを大事にしたいそうです。

本作品のように親切がつながっていくのは、一種の恩送りかもしれません。「恩送り」とは江戸時代にあったことばのようですが、何かを与えてくれた人に直接お礼をする恩返しと違って、善意を必要としている他者に返すことなのです。この絵本では、椅子を通して人の温かな親切を受け、感謝の気持ちで次の人にも「どうぞ」と親切を送っていきます。

ここで、「どうぞ」ということばについて考えてみましょう。

自己理解と気づきの科学である「交流分析」では、生きていくうえで必要な、人との触れ合いのことを〝ストローク〟といいます。このストロークには、プラスとマイナスがあります。相手にぬくもりをあげるプラスのことばのストロークには、たとえば「ありがとう」や「ごめんなさい」などがありますが、「どうぞ」という温かな行為を含めることばも、プラスのストロークになるでしょう。

プラスのストロークを発すると、相手の心にエネルギーを与えるので、相手からもプラスのストロークが返ってきやすいという傾向があります。ですから、この絵本の中で、「どうぞ」と愛に満ちた連鎖が続いていくのは、理にかなっているのかもしれません。

人が見ていないところで、次に来るだれかのために思いやりを残していくことこそ、慈しみ深い善であり、人から人へ「どうぞ」とぬくもりを伝えてくれるでしょう。

絵本の最後は、何も知らずに寝ていたろばさんが、不思議な祝福にあずかるという結末です。ずっと眠っていたろばさんの寝姿に安心感が漂うのは、リラックスしてすべてを天にゆだねる最良の姿だからかもしれません。

2

“助け手”の存在に気づかせる絵本

学童期の課題と支援

この絵本は、作者の自伝に基づいています。学習障害を負っていた彼女が、どのような支援を受けて試練から脱出したか、その心情が手に取るように描かれ、小学生以上の読者に感動をよぶでしょう。

幼いトリシャは、母と兄、祖父母のだれからも愛され、絵を描くことや家族に本を読んでもらうことが大好きでした。ところが小学校入学後、いつまでたっても文字や数字が理解できず、本も音読できないので、自分は頭が悪いのだと自己嫌悪に陥りました。祖母の励ましに助けられましたが、その祖母もまもなく他界してしまいます。

やがてトリシャは、母の転勤とともに転校しますが、相変わらず学習内容が理解できないので、みんなからばかにされました。

しかし、五年生のとき、フォルカー先生に助けられます。先生は彼女の窮状を知り、トリシャの良いところをクラスの皆に伝えました。

ところが先生が味方すればするほど、同じクラスの攻撃的な男の子エリックのいじめは激化し、「うすのろモグラ！　ばかモグラ！」と執拗に罵倒されたので、トリシャは居場所を失いかけました。

しかし、フォルカー先生はトリシャの味方になり、彼女を励ましました。理解力が高まるように放課後、国語のプレジー先生といっしょに特別プログラムを組んでくれたのです。

対象年齢：7歳～

『ありがとう、フォルカーせんせい』
作・絵＝パトリシア・ポラッコ
訳＝香咲弥須子
岩崎書店

　そのおかげで、トリシャは学習障害を克服し、本の内容を理解し、音読もできるようになりました。それ以来、読書も学校も大好きになったのです。

　そして三十年後、偶然フォルカー先生に再会したとき、トリシャは感謝を込めて言いました。

「せんせいのおかげで　じんせいが　かわったのです。しんじられますか？　こど

もの本を　かいているんですよ。せんせい、ほんとうに　ほんとうに　ありがとうございました！」と。

　学習障害は、ＬＤ（Learning Disabilities）とも言われ、知的発達に目立った遅れはないのに、学習面での習得の困難さや、特異なつまずきなどが表れる症状に対して使われる教育用語です。日本でも一九九〇年代から理解が広まり、特別な支援が開始されました。

トリシャのように、学習障害を負っていることに気づかずに、劣等感に苛《さいな》まれる子どもは大勢いるかもしれません。子どもだけでなく知能指数の高いおとなでも、学習障害ゆえに、子ども時代から語学の学習が習得しにくかったことが判明する場合もあるようです。

トリシャにとっては、自分だけができないという劣等感、さらにエリックから受けるいじめにも耐えがたいものがあったでしょう。

　児童精神科医の田中哲氏によれば、学童期の子どもの心理は、学校における仲間集団での評価が自己肯定感に直結する場合が多いということです。みんなができることを自分一人ができない、自分だけがみんなと違っているということに対して、自他ともにとても敏感で、それを指摘されると深く傷つきます（ＣＳ成長センター『成長』一五九号、「子どもの心の成長のために私たちができること」いのちのことば社、一六〜二〇頁参照）。

ですから、単に障害を明らかにするだけでなく、フォルカー先生のように心に寄り添い、みんなと同じようにできるレベルまで親身になって支援してもらえたことは、トリシャにとってどれほど大きな糧になったでしょうか。

トリシャの祖母が、「みんなと　ちがうってことは、いちばん　すてきなことじゃないか」と言ったとおり、人はみな一人ひとり違っています。それだけに子どもたちの課題も、個々の発達段階に応じて、みな違います。ですから身近にいるおとなは、子どもが今どのような支援を必要としているかを見極めることが大切になるでしょう。トリシャのような苦境にあっても、時にかなった助け手を得て障害を克服し、存在価値を再確認し、自己肯定感を高めていった実例が、大勢の読者を励ますのだと思います。

フォルカー先生との出会いを通して、トリシャの抱えていた不条理や試練が宝に変えられたその事実に、この絵本の読者はどれほど勇気を得るでしょうか。

思いやりあふれるクリスマス物語絵本

簡潔な文章と重厚で素朴な絵が、クリスマスの温かく澄んだ雰囲気を、余すところなく表現しています。本書の表紙絵の作者・有賀忍氏独自の板絵によるクリスマス物語絵本です。

昔、ユダヤの国のナザレという村に、心のやさしい娘マリアが住んでいました。マリアにはヨセフという、いいなずけがいました。

ある日、天使ガブリエルがマリアのもとに現れ、「マリア、あなたは　かみのこを　みごもりました」と告げたのです。神のお告げは、ヨセフに対してもありました。

「ヨセフ、マリアは　かみのこを　うみます。そのこを　イエスと　なづけなさい」と。

二人は不思議なできごとに心を騒がせず、赤ちゃんの誕生を静かに待ちました。

ところが、あるとき、ローマの王さまから、ユダヤの国の住人は一人残らず郷里へ帰り、名前を届け出るようにというおふれが出たのです。

対象年齢：5歳〜

『イエスさまの おたんじょう　ほしの よる』

文・絵＝有賀忍
サンパウロ

そこで、ヨセフとマリアも故郷ベツレヘムへと旅立ちました。しかし、身重のマリアはろばに乗り、ヨセフは徒歩の旅。二人の旅路は長く困難でした。

ようやく、ベツレヘムへ着いたときには、どこも旅人でいっぱいで、その晩泊まる宿もありません。やっと町外れまで来たとき、マリアのおなかが痛み出しました。ヨセフは馬小屋を見つけ、何とかマリアを休ませました。

そして、空いっぱいに美しく星の瞬くその夜、元気な男の子が生まれたのです。ヨセフは天使のお告げどおり、その子をイエスと名づけました。マリアも幸せでした。

そのとき、近くの丘で、羊の番をしていた羊飼いたちが、まばゆい光に包まれ、「かみのみこ、すくいぬしが　おうまれになりました。うまごやに　いそぎなさい」という、天使の声を聞いたのです。その声に導かれて行くと……。

本作品は聖書に忠実に、かつ子どもにもわかりやすいように、シンプルなクリスマス物語として表現されています。

この絵本の著者である有賀忍氏は、NHK教育テレビ番組「おかあさんといっしょ」で、一九八六年九月から放送された人気アニメ「こんなこ いるかな」のキャラクターを制作した方です。懐かしく思われる読者も多いことでしょう。同シリーズの新装版絵本も二〇一五年に出版されましたが、いずれも、子どもたちが深い共感を得られるように、主人公や登場人物の性格について、心理学的な研究がなされたうえでの作品化でした。

この絵本でも、イエスさまの誕生をめぐる、人々の喜びの心情が豊かに描き出されています。聖母子である赤ちゃんイエスと母マリアに光が当たるには、本作品の絵で表現されているように、ヨセフの深い思いやりが愛の支えとして、重厚な働きを成していることを見逃してはならないでしょう。

有賀さんの板絵作品は、童心を尊ぶとともに、慈しみ深い親の愛で満たされています。

親の慈愛の実例として、「希望の言葉」(アンソロジー『詩集 希望』銀の鈴社)の詩を通して、子どものころ、早逝された有賀さんのお父さまのことばをご紹介しましょう。

主題は「ぼくの宝物は小学校二年の通知表」です。子ども時代、学校の成績など気にせず、野山を駆け回っていた有賀少年を、担任の先生は「落ち着きがない」「忘れ物が多い」と評したけれど、お父さまは「先生　お願いします　息子を長い目で見てやってください　私には何となく頼もしく思えるのです」とフォローされたのでした。

この絵本では、天使のまなざしが神さまの愛を象徴するように、かぎりなく温かく、魅力的です。

子どもに与える民話の力

この絵本は、純粋な日本の民話ではありませんが、おもしろい歴史があります。スリルに満ちた物語の展開と赤羽末吉氏のみごとな絵が、読者を夢中にさせるでしょう。

昔、あるところに流れの速い大きな川がありました。あまりに速かったので、橋をかけるたびに流されてしまい、困り果てた村人たちは、名高い大工に橋をかけてもらおうと相談しました。彼はすぐにこの話を引き受けましたが、いざ橋をかける場所へ出向くと、心配になりました。

そのとき、川の中から大きな鬼がぶっくりと姿を現し、「おまえが　いくら　じょうずなだいくどんでも、ここに　はしは　かけられまい。けれども、おまえのめだま　よこしたら、おれが　おまえにかわって、その　はし　かけてやってもええぞ」と言いました。

大工は、はっきり返事をしないで家に帰り、次の日、また川へ行ってみました。すると驚いたことに、橋が半分かかっていたのです。さらに、その次の日に、橋は完成していました。

大工があきれていると鬼が現れ、「さあ、めだまぁ　よこせっ」と言いました。

「まってくれ。」

「まてねぇ」と押し問答が続き、鬼は「そんなら、おれの　なまえをあてれば、ゆるしてやってもええぞ」と言いました。

対象年齢：4歳～

『だいくとおにろく』

再話＝松居直
絵＝赤羽末吉
福音館書店

大工は怖くなって、あてもなく山の中を逃げ回っていると、かぼそい声でだれかが歌う子もり歌が聞こえてきました。大工はハッとして我に返り、家へ帰りました。

翌日、大工が川へ行くと、鬼が出て来て、「さあ、はやく　めだまぁ　よこせっ」、よこさないなら、「おれの　なまえを　あててみろ」と言ったのです。そこで大工は、最初はわざと違う名前を言い、おしまいに昨日、子もり歌で聞いた名前を言ってみました。

すると鬼は、「きいたなっ！」と悔しそうに言ったかと思うと、ぽかっと消えてなくなってしまいました。

『だいくとおにろく』については、そのルーツを研究した故・櫻井美紀氏が、原話は、大正期の女流童話研究家の水田光氏による創作童話『鬼の橋』であることを実証しています。その下敷きになったのは、北欧に伝わる聖オーラフ教会建立伝説でした。この伝説は、当然のことながら『だいくとおにろく』に酷似しています。

聖オーラフという聖人が大教会を建てようと思案していると、巨人《トロール》が現れ、代わりに建ててやろうかと申し出ます。その報酬として太陽と月、あるいは聖人自身をよこせ、ただし、自分の名前を当てたら許してやると言うのです。

聖人は承諾したものの苦悶して森へ行くと、どこからか子もり歌が聞こえ、巨人の名前のヒントが得られます。そこで、教会が完成する寸前に、その名前を呼ぶと、巨人は粉々に砕け、火打ち石になってしまったというストーリーです。このように外国文学の大筋は変えずに原作を生かし、日本風に改作する翻案文学が、明治期以降盛んに生まれたのです。

小学校の教員だった水田氏は、子どもたちへの口演童話活動にも尽力したので、語りでも広まっていったようですが、その過程で「鬼の橋」は、いろいろな人を通して再話されました。

特に佐々木喜善氏が『大工と鬼六』というタイトルで採録し、昔話集「聴耳草紙」に収めてからは、文字を通してさらに広がっていったようです。

ですから北欧の伝説が、『大工と鬼六』として日本で民話化されるには、口承以上に出版文化の影響が大きかったといえるかもしれません。

ところで民話では、多くの場合、主人公が課題を負います。たとえばこの絵本でも、大工が流れの速い川に橋をかけるという課題を前に苦悩します。すると、助け手の鬼が現れるのです。しかし、その代わりに目玉を渡すこと。それができないなら、鬼の名前を当てるのが次の課題になります。そこで難儀していると、遠くから聞こえる子もり歌にヒントが得られます。つまり課題解決に至るまでに、助け手が現れたり、何らかの形で援助が得られる展開になるのです。

こうした民話の特徴は、子ども読者に、どれほど勇気を与えることでしょう。幼い子どもにとっては、ほとんどの環境や体験が初めてであり、いろいろなことを、身近なおとなや親のようにちゃんとできるようになるかと、不安に思うことが多いものです。しかし、民話の主人公のように助けが得られ、かならず乗り越えられるという追体験があれば、チャレンジをして難しいことがあっても、子どもたちは現実に立ち向かう勇気をもつことができるでしょう。

ロシア民話『大きなかぶ』のように、必要なときに、他者の助けを求めることができるのも、大切な成長ではないでしょうか。

人生の同伴者について

子ども読者に安心感や勇気を与えてくれる作品です。おとなにとっても、人生の同伴者について考えるきっかけを作ってくれるかもしれません。

主人公のラチは、飛行機の操縦士になりたいという夢をもっていました。ところが、実際は世界一臆病な男の子。怖がり屋で、犬にも暗い部屋にも、友だちにさえ近づけなかったので、みんながラチをばかにし、いっしょに遊んでくれる友だちもいませんでした。そこでラチは、部屋で絵本を読んで過ごしました。中でも、ラチが好きなのは、勇壮で大きなライオンの絵でした。こんなにすごいライオンがいつもそばにいてくれたら、きっと怖いものなど何もないと思ったのです。

するとある朝、ライオンがベッドのそばにいました。ところが、小さくてかわいい赤い「ライオン」だったので、ラチは笑ってしまいました。すると、ライオンは片手で軽々と椅子を持ち上げて見せ、ラチを床に倒して、「どうだい、ぼくは　つよい　らいおんだろう。きみもつよくなりたいなら、ぼくが　つよくしてやるよ」と勇ましく言いました。

ライオンは、ラチにまず体操を教えました。こうしてラチはだんだんと力をつけ、ある日、犬を怖がっている女の子を勇敢に助けました。ポケットにライオンがいてくれたので、怖くなかったのです。やがて、ライオンに、相撲で勝ちました。

さらに、だれよりも強くて大きな「のっぽ」から、取られたボールを取り返すこともできたのです。ラチは、ライオンにお礼を言おうとポケットに手を入れました。

ところが、ポケットの中にあったのは赤いりんごだけでした。つまりラチは、もう、ライオンがそばにいなくても強かったのです。

家に帰ると、ライオンは一通の手紙を残して姿を消していました。悲しくてラチは泣きました。

しかし、残された手紙は励ましとぬくもりに満

対象年齢：4歳〜

『ラチとらいおん』

作・絵＝マレーク・ベロニカ
訳＝徳永康元
福音館書店

ちていました。きっとラチは、夢を叶えられるにちがいありません。

この絵本は、ラチの自立の物語といってもよいかもしれません。幼児が成長する段階で迎える母子分離の時期に、心理的な親代わりになるのが、ぬいぐるみや人形だといわれます。キャラクターへの英雄願望や想像力が、母子分離の隙間を埋め、自立を促すようです。この絵本では、ラチが強くなったとき、ライオンはすばらしいタイミングで姿を消しますが、その後のラチの不安はどのように解消されるでしょうか。

子どもだけでなく、どんなに年を重ねても、私たちには恐れや不安があるものです。

かつてご近所に、聖書の「恐れるな。わたしはあなたとともにいる。たじろぐな。わたしがあなたの神だから」（旧約聖書・イザヤ書四一章一〇節）ということばから力を得て、五年間の苦しい闘病生活に耐え、キリスト者として生き抜いた少年、清水陽一くんがいました。

彼は小学校三年生の春、教会学校でイースターの卵探しの最中に転んで骨折し、思いがけず骨肉腫が発見されました。キリスト者としての信仰の篤いお母さんの勧めで、その後洗礼を受け、片足の離断手術も、苦しい抗がん剤治療も乗り越えました。陽一くんのお見舞いに行くと、彼はベッドの上で私たちのために「帰り道が守られますように！」と祈ってくれました。

また、治療過程で髪が抜け、片足で歩く陽一くんを見て、「お化けだ！　お化けだ！　幽霊だ」とはやし立てた幼い子どもたちに向かって、お母さんが怒りの声を上げようとすると、「お母さん、赦《ゆる》してあげて。イエスさまは七度の七十倍も人を赦すようにと、言ったでしょう。この子たちは、自分が何を言っているか、わからないんだよ」と止めたそうです。

陽一くんは十三歳の四月、天に召されました。今でも彼の「ありがとう！」という大きな声が聞こえるような気がします。


本作品の使命感あふれるライオンの手紙も、試練のたびに、きっとラチを励ましてやまないはずです。それがどんな手紙なのかは、ぜひ絵本でご覧ください。

自分よりも小さいきょうだいを優先する

『花さき山』は山ンばの語りで進む物語ですが、昔話ではなく、心にしみる創作物語絵本です。

ある村に「あや」という名の十歳の少女が、両親や妹と暮らしていました。あやは、祭りが近づいたある日、かごを背負って山菜を採りに行きました。すると山奥で、長い白髪の山ンばに会ったので、それは驚きました。

「あや。おまえは　たった十の　おなゴわらし　だども、しっかりもんだから、おら（のこと）なんど　おっかなくはねえべ」と山ンばは、あやに話しかけました。山ンばを怖がる人も大勢いたからです。

しかし山ンばは、あやのことをよく知っていました。名前も年齢も、彼女が祭りの煮しめの材料を得るために、たった一人で山菜採りに来て、道に迷ってしまったことも。

あやはそこで、今まで見たこともないほど美しい花が咲く場所を見つけたのでした。

その不思議な「花さき山」では、麓の人が心やさしい行いを一つするたびに、花が一つ咲くのです。そのことは、山ンばしか知りませんでした。

あやの足元に咲く赤い花は、昨日あやが咲かせた花なのだそうです。妹のそよが、祭りの赤い着物を買ってくれと母親に泣いてせがんだとき、あやは、自分はいらないから、妹に着物を買ってやってくれと頼みました。ほんとうは自分も着物が欲しかったのですが、妹の気持ちと貧しい家庭の事情、母の困窮を慮《おもんぱか》り、あやは涙を呑んで辛抱したのでした。

そのときの彼女のせつない気持ちを、山ンばは知っていました。そして、あやが咲かせたその花は、どんな祭り着の赤よりも鮮やかで美しいと言ったのです。

そのように「花さき山」の花は、だれかが自分のことよりも人を思いやって、辛抱するとき、そのやさしさと健気さとが、花になって咲くといいます。

対象年齢：7歳～

『花さき山』

作＝斎藤隆介
絵＝滝平二郎
岩崎書店

あやは、その先、二度とそこへ行くことはできませんでしたが、その後、彼女が自分のことよりも人のことを慮ったとき、「あっ！　いま　花さき山で、おらの　花が　さいてるな」と心に思い浮かべることがありました。

本作品では、あやのほかにも、小さい弟や人のために心を尽くした感動的な登場人物が描かれています。

私たちの祖先が寒冷期を生き延びられたのは、飢餓状態にある他者に、自らが飢餓寸前でも食べ物を分かち合うことをしたことにもよるという報告があります（NHKスペシャル「ヒューマン――なぜ人間になれたのか」二〇一二年）。まだ一歳に満たない乳児でも、他児が困っていると、何とかしてあげてほしいと保育者に伝えようとするエピソードもあります（『幼児の教育』編集委員会『幼児の教育』「問い直そう、保育の中のあたりまえのこと七　『共感』って何だろう？」二〇一二年秋、第一一一巻第四号、フレーベル館）。

しかし、同時に人の心の中には、まず自分を優先させたいという思いもあります。それは自己保存のための欲求でありましょうし、度を超せば自己中心の思いにもなるでしょう。

人の困窮に共感した後、自分を優先するのか、それとも小さいきょうだいや弱い人を優先させるのかは、思案のしどころだと思います。なぜなら、たとえば電車の中で席ひとつ譲るにも、自分が我慢を引き受けるにも勇気がいるからです。

しかし、この絵本を読んだ子どもたちが、勇気を出して自分よりも困窮している小さき人を優先させ、自分は辛抱を引き受けるとき、「花さき山」に美しい花が咲くイメージを心に思い描けるのは、大きな励ましになるでしょう。そして、あやのせつなさをすべて知っていた山ンばのように、神さまが私たちの迷いや忍耐する心に寄り添い、支えてくださっていることを心にイメージできるのは、何と心強いことでしょうか。

それと同時に、私たちが自分より小さいきょうだいを優先するときにも、人より自分を優先させるときにも、変わらぬ愛で私たちをいつも慈しんでくださっている、大きな存在がいることを覚えておきたいものです。

3

だれかを大切にする
心を育む絵本

小さい者への愛

イギリスの児童文学作家ルース・エインズワース氏が、ＢＢＣラジオ放送の子ども向け番組のために書いた心温まる作品です。わが国では、山内ふじ江氏の繊細な美しい絵で絵本化されました。

昔、あるところにひとり暮らしのおじいさんがいました。貧しい中でも週に一度、土曜日の晩に食べる、温かいミルクとパンと羊肉のささやかなごちそうが楽しみでした。

さて、ある冬の待ちに待った土曜日の晩のこと、吹きすさぶ嵐の中に、かすかなねこの鳴き声が聞こえ、痩せこけた哀れな黒ねこが飛び込んで来ました。おじいさんはそのずぶぬれのお客さまをすぐにタオルでふき、お皿にミルクをついでやりました。

すると、ねこはあっという間にそれを飲み干し、さらにねだって鳴きました。おじいさんはかわいそうに思い、ねこにねだられるまま、自分の分のごちそうを全部やってしまいました。

対象年齢：5歳～

『黒ねこのおきゃくさま』
作＝ルース・エインズワース
絵＝山内ふじ江
訳＝荒このみ、福音館書店

一方、ねこは、おなかがいっぱいになると、寒さに震え出したので、おじいさんは、わずかな薪《まき》を暖炉に一本また一本と、全部くべてやり、それから自分も暖まりました。ねこが気持ち良さそうにのどを鳴らすと、おじいさんもうれしくなって自分の空腹を忘れ、ねこといっしょに朝までぐっすりと眠りました。

さて翌朝、この家には食べ物も暖炉にくべる薪もありませんでしたが、ねこは昨日とは違って毛並みもつやつやとし、女王さまのように堂々としていました。そして、粉雪の積もった戸口から出ていくときに、「わたしは、あなたのミルクをのんで、パンも肉も、ぜんぶ食べてしまいました。それにまきも、ぜんぶつかわせてしまいました。どうして、わたしをおいだして、とびらをしめてしまわなかったのですか」と聞きました。

すると、おじいさんは、「とんでもない！　おまえはびしょぬれで、さむくてふるえていたじゃあないか。……けれど、今じゃあ、ほら、友だちじゃないか」と言い、やさしくなでてやりました。

ところがねこが出て行った後、不思議なことが起こりました。雪の上にねこの足跡はありませんでしたし、食器棚には、いつでもおいしいミルクとパンと骨付き肉が用意され、暖炉の薪に困ることもなくなりました。

その後、おじいさんと黒ねこがどうなったかは、絵本でご覧ください。


このおじいさんは、突然訪れた哀れなねこを迷惑がりもせず歓待しました。貧しい暮らしの中での貴重なごちそうを自分の分まで捧げ、お客さまのように大切にもてなしたのです。ねこに必要とされることが、おじいさんの孤独を癒す喜びであり、ねこもその愛に触れて、満ち足りた時を過ごしました。たった一晩の出来事ですが、ねこにとってもおじいさんにとっても、幸せな時間だったのです。

おじいさんは、貧しくとも精いっぱい自分を慈しみ、週に一度のささやかなごちそうに感謝して、自分をもてなすという楽しみをもっていましたが、そのような心のゆとりの持ち主だからこそ、ねこに共感し、愛にあふれるもてなしができたのかもしれません。と同時に、そのわずかな楽しみさえ、弱っている小さなねこに捧げた慈愛こそが、その後、彼にもたらされた奇跡の贈り物にふさわしい無償の愛だったのでしょう。

おじいさんの孤独に共感する読者は、彼にもたらされた物質的な奇跡よりも、黒ねこが友となっていっしょに暮らせなかったことを残念がりますが、おじいさんの無償の愛に対する奇跡を表現するためには、ねこが一夜のおきゃくさまである必要があったのかもしれません。

一方、幼い読者は、ねこのおきゃくさまがあまりにも厚かましいので驚きの声を上げますが、去った後もたらされた奇跡を知って、「あのねこは神さまだったんだよ」と言います。

「これらのわたしの兄弟たち、それも最も小さい者たちの一人にしたことは、わたし（イエス・キリスト）にしたのです」（新約聖書・マタイの福音書二五章四〇節）というキリスト教的な観点から考えると、おじいさんの前に最も小さい姿で現れ、その愛を引き出して友となり、結果的に物心両面に尽きることのない喜びをもたらした黒ねこは、いみじくも幼い読者が感じたとおり、神さまのように思えますが、いかがでしょうか。

失敗さえ益に変わる

この絵本のストーリーを書いた佐々木たづ氏は、高校生時代に緑内障で失明しておられます。童話を書くときには、文章が一節できると暗記するほど頭にたたみ込み、一気にタイプで打ったといいますが、心にしみる表現にそのようなご苦労の跡はみじんも見られず、息をのむほどみずみずしいイメージにあふれています。三好碩也氏のパステルの線画も清らかで、温かです。

クリスマスが近づく時期、北の国に住む白うさぎ〝ましろ〟は、サンタクロースのおじいさんから真っ先にクリスマスプレゼントをもらいました。でも、もっとプレゼントが欲しくなったのです。

そこで、ある朝、いろりの中の炭を体にこすりつけて黒うさぎを装い、もう一つ贈り物をもらおうと、サンタを待ちました。しかしサンタには、それが〝ましろ〟だとすぐにわかったのです。そのとき、〃ましろ〃が慌てて「ううん、ちがう。べつの　うさぎの子。ほうら、こんなに　くろいところが　あるよ」と答えると、サンタは「そうか、そうか」と、袋の底を探し、一つだけ残っていた種をくれました。そして、朝の寒さの中を歩いて来た〃ましろ〃を労い、自分のお弁当まで差し出したのです。

さて、雪の原を家に帰る途中で、〃ましろ〃は、サンタのおじいさんでも自分のことがわからなかったのだから、きっとお母さんも見間違えるだろうと思い、炭で黒くなったところを落とそうとしました。しかし、何度払っても落ちません。しまいには、ほんとうに別のうさぎになってしまったのかと心配になり、嘘をついたことを泣いて悔やみました。

そんなとき、種を神さまにお返しするという名案を思いついたのです。そこで〃ましろ〃は雪を掘り、種を土の中に大切に埋めました。そのころには、雪で洗われた〃ましろ〃の体から黒い炭は落ち、元どおりの白うさぎに戻っていました。

対象年齢：6・7歳～

『子うさぎましろのお話』

作＝佐々木たづ
絵＝三好碩也
ポプラ社

こうして〝ましろ〟が神さまにお返しした種は、もみの木として大きく生長しました。十二月にはキラキラと目もさめるほど輝き、透き通ったベルの音が「もう　すぐ、イエスさまのおたんじょうび」と鳴り響きました。枝々にベルやおもちゃや絵本やお菓子がなっています。

そのすばらしさに驚いて、〝ましろ〟はサンタのおじいさんを呼びに行きました。そして「ぼくの　木じゃなくて、かみさまの　木だよ」と明言し、今までのいきさつを全部告白したのです。

するとおじいさんは「そうか、そうか」と〝ましろ〟の頭をなで、すばらしい神さまのもみの木に目を細めました。

それ以来、毎年起きた不思議な出来事については、ぜひ絵本でご覧ください。


この絵本では、〝ましろ〟の嘘へのサンタのおじいさんの温かな対応が描かれ、〝ましろ〟の成長もうかがえます。

最初、ましろは二つめのクリスマスプレゼントが欲しいばかりに黒うさぎを装い、サンタのおじいさんをだまそうとしました。しかし、おじいさんはまず、「おまえは、白うさぎの子の〝ましろ〟だね」と真実を明らかにしようとします。それでもなお、偽りとおした〝ましろ〟

に対して、おじいさんはそれを責めずに温かく見守り、時を経て真実の告白を得ました。

そこに至るまでに〝ましろ〟は不安と後悔に駆られましたが、償いのためにせめて種を神さまにお返ししようと、心を天に向けたとき、すべてが好転していったのです。神さまは悔いた心を尊び、失敗さえも益に変えられます。くめども尽きないクリスマスプレゼントのなるこの木は、〝ましろ〟の悔心に対する神さまからの祝福の意味ももっていたのかもしれません。

神さまの愛がどのようなものかわからないとき、「神さまが見ている」と言われると、何か罰を受けるのではないかと怯えることがあります。しかし、子どもたちがこの絵本に親しみ、愛にあふれるサンタクロースの対応や、プレゼントのなるもみの木の限りない恵みから、神さまの慈愛のまなざしをより深く感じることができたら、幸いだと思います。

山も人も動かす力

児童文学作家・斎藤隆介氏と版画家・滝平二郎氏のすばらしいコンビが生んだ名作絵本です。小学校国語の教科書にも掲載されましたが、どの場面も登場人物一人ひとりの表情が豊かに刻まれ、少年と半日村の偉業がみごとに表現されています。

このうえなく寒い村がありました。一日の半分しか日が当たらないので、「半日村」と呼ばれていました。

この山合いの村には、朝日を遮るほど高い山があったので、ようやく日が射すのはお昼ごろのこと。田んぼのイネが生き生きするのも、わずか半日でした。よその半分しかお米が穫《と》れないので、みな、痩せて元気がありませんでした。

村に、一平という少年がいました。ある晩、彼は、両親が「あァあ、おらたちの村は、なんという村かのう。あの山さえ　なかったらのう」「だめさ、山は山さ。うごかせやしねえ。わるい村にうまれたとおもって、あきらめるよりしかたがねえさ」と嘆くのを聞いてしまいました。そこで、山を低くしようと一大決心をします。

翌朝から、毎日袋をかついで山に登り、頂上の土を削って、湖の中に入れることにしたのです。子どもたちが不思議に思って一平に尋ねると、「おらは、あの山を湖に埋めちまおうと思ってるんだ」と答えました。みんなは、最初、一平をばかにして笑いますが、そのうちに、おもしろそうに思えてまねし始めました。

対象年齢：7歳～

『半日村』

作＝斎藤隆介
絵＝滝平二郎
岩崎書店

やがて、子どもたちは、山の土を削っては毎日湖に運ぶようになったのです。

おとなたちは、これを見て「山が動かせるもんじゃあねえ」と笑いましたが、子どもたちのひたむきさに心を動かされ、自分たちも毎日せっせと山の土を湖に運ぶようになりました。山が低くなったように思えると、みな、元気が出て、いっそうがんばりました。

こうして何年もたち、半日村総出の忍耐

強い作業は、次世代へも引き継がれました。そして、一平たちの尽力はどのように実を結んだのでしょうか。

「山は動かせはしない」とおとなたちは言います。しかしその思い込みも、一人の少年の志によって変わりました。彼は、山は動かないと決めつけず、山の土を削って湖に移せばよいと考えたのです。その決意の背景には、両親の嘆きと村の貧窮を何とか解決したいという、使命感のような純粋な思いがあったでしょう。

彼には、できない、とあきらめることさえ思いつきませんでした。それ以上に、朝日を迎えるために、今できることを積み重ねていく方法こそが、豊かな未来につながると確信できたのでしょう。できない可能性に思いを馳せるのではなく、できる方法にだけ焦点を合わせ、チャレンジしていったのです。

大いなる目的のために、夢を実現しようと行動するとき、人は賛同者を得ることができると思います。なぜなら、夢を描いた人自身が、一人でもやり遂げようとするほどの心意気に満ちているからです。そのエネルギーが周囲の人にも夢を分かち、人々を動かしていきます。

本作品の表紙は、体半分のみ光に照らされた、一平のひたむきな表情で彩られていますが、私たちの人生もつねに選択を迫られているのかもしれません。

土を運ぶ少年たちの姿で思い起こすのは、『ラチとらいおん』で紹介させていただいた清水陽一くんの中学校でのエピソードです。

陽一くんは片足の離断手術を受けたので、毎日車椅子で学校へ通いました。校内にエレベーターがなかったため、教室までは階段を一足一足上りました。彼は、入院治療の合間に学校へ行き、勉強できることがうれしかったのです。

そのひたむきな姿に心を動かされたのは、当時、授業中でも教室外でたむろしていた上級生たちでした。彼らは、陽一くんの車椅子が通りやすいように、何日もかけて校庭の土を削り、スロープを作ったのです。だれに勧められたからでもなく、黙々と自主的に始めたといいます。

スロープが完成したとき、上級生も陽一くんもどんなにうれしかったでしょう。

あきらめずに前進するとき、賛同者が得られるばかりでなく、賛同者自身も生かされるにちがいありません。

最高のオアシス

小学校の国語の教科書や課題図書でも取り上げられ、多くの子どもたちに感動を与えてきた名作です。作者はあるとき、アフリカの草原の大きなバオバブの木の写真を見て、この絵本のストーリーがまず思い浮かんだそうです。

アフリカの草原にエルフという名のだちょうがいました。「エルフ」とは、アフリカのことばで「千」という意味だそうですが、一息で千メートルも走ったことがあったほど、すばらしく強く大きなだちょうでした。エルフは、いろいろな動物の子どもたちが大好きでした。子どもたちもエルフが好きで、よくその大きな背中に乗せてもらいドライブを楽しみました。

ところがある日、ジャッカルが襲って来たのです。みんなは震え上がりましたが、エルフがライオンの鳴きまねで追い払ったので、難を逃れました。しかしその後、たてがみを振り乱した本物のライオンが襲いかかって来たのです。

対象年齢：5・6歳〜

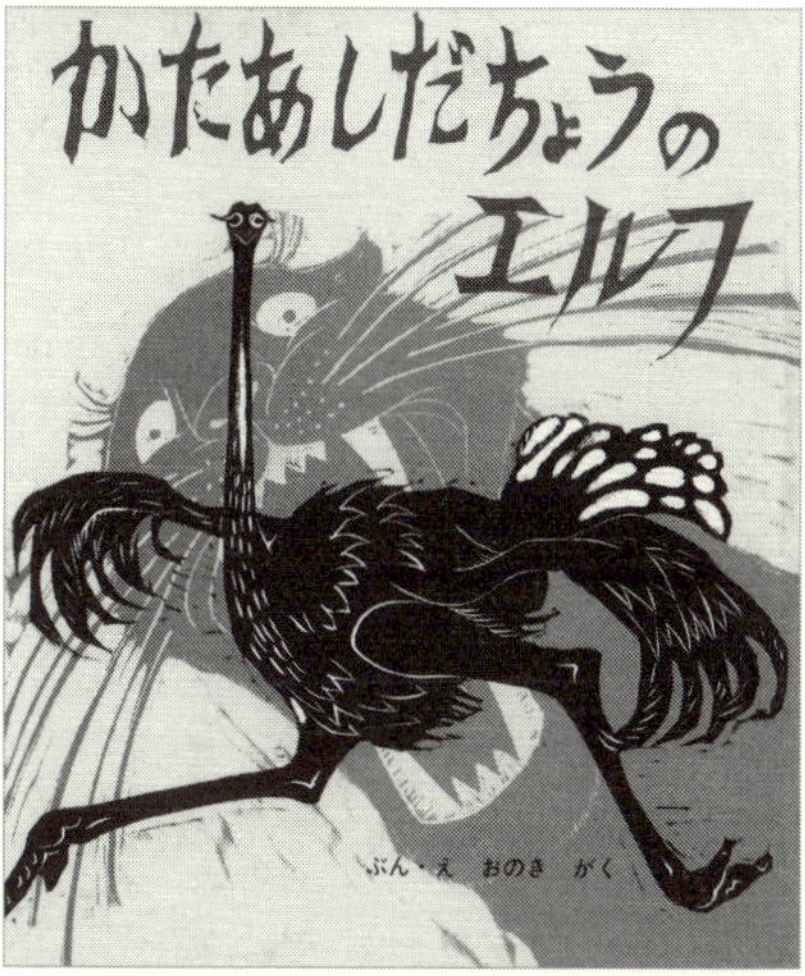

『かたあしだちょうのエルフ』

作・絵＝おのき がく
ポプラ社

エルフはとっさにみんなを逃がし、ライオンの前に立ちはだかりました。そして壮絶な戦いの末、エルフの一蹴がライオンを直撃し、ライオンは逃げ去りました。しかしそのとき、エルフの足は一本、食いちぎられていたのです。彼は痛みをこらえ「みんな　ぶじで　ほんとによかった」と、その場にうずくまりました。

それからは、苦しみの日でした。最初のうちは、周りの動物たちが食物を分けてくれましたが、いつの間にかエルフの存在は忘れ去られました。暑い日ざしをさえぎる木陰もなく、歩いて餌を探すこともできず、彼は干からびた草原に立ち尽くして涙するしかありませんでした。子どもたちがにぎやかに遊ぶ声だけが、慰めになったのです。

そんなある日、恐ろしい黒ひょうが現れました。逃げ遅れた子どもたちが狙われました。エルフは、自分の体が動かないことも忘れ、子どもたちを助けたい一心で「みんな　ぼくの　せなかに　のれっ」と叫んで、彼らを呼び寄せました。

しかし、黒ひょうは容赦なくエルフに襲いかかりました。エルフのたった一本の足は、子どもたちの重みで今にも折れそうでしたが、最後まで力を振り絞って闘ったのです。やがて黒ひょうは力尽きて、ふらつきながら帰って行きました。

子どもたちがほっとして彼の背中から降り、お礼を言おうとしたとき、エルフはもういませんでした。その代わり、そこには……。

主人公エルフは、小さき者への愛情に満ちていました。彼自身は大きくて剛健なだちょうでしたが、腕試しをして勝利を得るために強者と闘ったのではなく、ただ小さい者の命が守られることを願って闘ったのです。その証拠に、ライオンも黒ひょうも命を落とさずに帰っていきます。しかしエルフは、その闘いの中で片足を失ってしまいました。それでもなお、命の最後の一滴までも小さな友のために使いたいという、その深い愛が、草原のオアシスとなったエルフに象徴されているのかもしれません。

この作品を見ると、カトリックの修道士アッシジの聖フランシスコの精神を表した「平和の祈り」を思い出します（『カトリック祈祷書　祈りの友』サンパウロより引用）。

「神よ、わたしをあなたの平和の使いにしてください。
憎しみのあるところに、愛をもたらすことができますように。……
絶望のあるところに、希望を
悲しみのあるところに、真理を
闇のあるところに、光をもたらすことができますように、
助け、導いてください。……
慰められることよりも、慰めることを
理解されることよりも、理解することを
愛されるよりも、愛することを望ませてください。……」

つまりエルフが行動で示した、人に期待するのではなく、自ら人を愛する主体的な姿勢。自己犠牲をもいとわないほどの慈愛は、まさしく平和を得るための条件であったのでしょう。子どもたちを愛してやまなかったエルフにとっては、彼らを生かすために、自らの命さえ捧げた慈愛が、やがて自らをも永遠に生かすことになったのかもしれません。だれもがエルフのことを心に刻み、忘れられない存在となったのですから。おとなをも励ます作品でしょう。

友だちはお金より頼りになる

何か欲しい物があるとき、お金を使わずに欲しい物が手に入ったら、どんなにいいでしょうか。この絵本は、品物だけでなく、それ以上に素晴らしいものが得られる温かいロシアのお話です。現代ロシアを代表するアニメ画家ヴァレンチン・オリシヴァング氏の美しい絵が、物語の雰囲気を余すところなく表現しています。

晩秋のある日、おじいさんハリネズミは森の小道で金貨を見つけました。年老いて冬支度が大変なので、その金貨で干しキノコでも買い、のんびり冬を過ごそうと思ったのです。しかし干しキノコを売っているお店は、なかなか見つかりません。

そのとき、キノコを干しているリスに出会いました。リスはおじいさんの話を聞くと、キノコが欲しいなら自分があげるから、金貨で靴でも買ったらと言ってくれました。そして、袋にキノコをいっぱい詰めてくれたのです。ハリネズミは、キノコだけでなく自分のボロ靴にまで気遣ってくれたリスに、お礼を言って帰りました。

次に靴屋を探していると、カラスに出会いました。カラスは、靴なら買わなくても自分が作ってあげると言い、すぐにドングリですてきな靴を作ってくれました。出来上がると、金貨があるなら靴下でも買うようにと勧めてくれたので、ハリネズミは親切なカラスにお礼を言いました。

それから靴下を探しに行くと、クモが声をかけてくれたのです。クモも自分が編んだ色とりどりの靴下をハリネズミにくれました。ハリネズミがお礼を言うと、そのお金は、いつか役に立つときのために、しまっときなよ、とクモも言いました。

そのとき、おじいさんは、咳止めのはちみつを買い忘れたことに気づきました。すると「おじいさーん」とやって来たのは、いつもお話を聞かせてあげている子熊でした。彼は冬眠の前に、「おやすみなさい」の挨拶をしに来たのです。手には、お母さ

対象年齢：5・6歳〜

『ハリネズミと金貨』
作＝ウラジーミル・オルロフ
絵＝ヴァレンチン・オリシヴァング
訳＝田中潔、偕成社

んからことづかった、はちみつのつぼを持っています。

おじいさんは子熊が来てくれたことがうれしくて、お礼を言いました。それから二人は春になったら再会する約束をして、別れました。おじいさんハリネズミは、やっと安心して冬ごもりが始められそうです。


この物語が生まれたロシアでは、二〇世紀の大半、市場の働きが弱かったために、お金を持っていても必要なものがなかなか手に入らない状況が長く続いたそうです。そこで「一〇〇ルーブリより一〇〇人の友をもて」ということわざが、人々の座右の銘になっていました。つまり、知人友人同士のほうが、お金よりも頼りになるということです。

この絵本でも、おじいさんハリネズミは、金貨を手にしたにもかかわらず、使う機会がありませんでした。品物を手に入れるために、お金より頼りになったのは、出会った人たちの親切でした。つまり、他の人のことも顧みる彼らには、「自分のことのように」ハリネズミを思いやるやさしさがありました。出会ったばかりなのに、彼の必要としているものを、喜んでプレゼントしてくれたのです。

一方、ハリネズミも、だれに対しても親切でした。その証しとなるのが、裏表紙の絵でしょう。そこには彼が、新しい友だちや旧友の子熊を招いて、皆で楽しいお茶のひとときを過ごす様子が描かれているのです。

この絵本では、人と人とが出会い、友情が育まれていく過程がよくわかります。そこにあるのは、互いに相手に尽くす親切な気持ちと感謝のようです。そのぬくもりいっぱいの無私な愛に、心を動かされる読者も多いことでしょう。

この作品を小学生のおはなし会などで読むと、拾ったお金は交番に届けたほうがいい、と言う子どもたちが大勢います。それはもっともな意見でしょうが、最後にハリネズミが金貨をどうしたかは、絵本を読んでのお楽しみです。

4

心のゆとりを育む絵本

ユーモアを楽しむ

『十一ぴきのねこ』シリーズは全部で六作。作者は漫画家の故・馬場のぼる氏です。シリーズ二作目にあたるこの絵本は、ユーモアとアイデアにあふれ、親しみのある食べ物「コロッケ」が登場することも、子どもたちに人気を博す理由かもしれません。文藝春秋漫画賞受賞作です。


十一ぴきのねこがお店を始めました。コロッケ屋の看板を掲げ、毎日せっせとコロッケを揚げました。お店は大繁盛!

ところが商品が売れ残ると、ねこたちは、それを食べなければならなくなり、コロッケに飽きてしまいました。そのうちに鳥の丸焼きが食べたくなったのです。

すると、一羽のあほうどりが訪ねて来ました。

鳥は「わたしは　たびのものですが、コロッケを一こ　わけてくれませんか」と言いました。

ねこたちは下心をもち、目を輝かせて、さっそくあほうどりにコロッケをごちそうしたのです。

すると鳥は、おなかいっぱい食べて「ホー　しあわせ、わたしはもう　しんでもいい」と、床に寝転がりました。そして、こんなにすてきなコロッケなら、国のきょうだいにも食べさせてやりたいと言いだしたのです。

聞けば、あほうどりのきょうだいも十一羽だということ。ねこたちは、頭の中で鳥の丸焼きを思い浮かべました。そして、うまく数の数えられないあほうどりをばかにしながらも、コロッケを作ってあげるために、あほうどりの国へ行くことにしたのです。

対象年齢：4歳～

『11 ぴきのねことあほうどり』
作＝馬場のぼる
こぐま社

ところが、さかな型の気球に乗り、にこにこしながら国へ着いてみると、きょうだいあほうどりは、予想を超えていました。ねこたちは逃げようとしましたが、「みなさん　まってください。コロッケ　おねがいしまあす」と止められてしまいます。

もう、鳥の丸焼きどころではありません。あほうどりのために、ねこたちは、コロッケづくりの毎日となったのでした。あほうどりのきょうだいがどんな鳥だったかは、ぜひ絵本でお楽しみください。

『十一ぴきのねこ』シリーズは、ねこたちが、出会った登場人物に対してちゃっかりと下心をもって接するおもしろさがあります。ところがほとんどが意外な展開になり、ねこたちの思惑どおりハッピーエンドになるのは、一作目の『十一ぴきのねこ』と六作目の『十一ぴきのねこどろんこ』だけ。

すなわち作者は、人間のずるさや、相手を出し抜こうとして逆にはめられてしまうような抜けた面を、ねこたちに投影して見せてくれるのです。ですからコロッケ屋を始めたときも、売れ残ったコロッケに飽きたときも、下心をもってあほうどりに接するときも、そのありのままの表情がおもしろいこと！　おとなも子どもも、屈託なく笑ってしまいます。

この絵本では、「三」までの数しかもっていない、あほうどりをばかにしていたねこたちのほうが、逆にあほうどりにこき使われる破目に陥るのですから、その間抜けさ加減が、読者の笑いを誘うのです。主人公たちが揶揄され、おもしろおかしく見られるがゆえに、読者は、作者独特の笑いの劇場にはまってしまうのでしょう。漫画家ならではのユーモアのセンスが、シリーズすべての絵本にあふれています。

ねこをめぐるお話をもうひとつ。

現在私たち家族は、義兄夫婦の借家に住まわせてもらっています。空き家だった間に野良ねこが庭に入り込んで困ったからと、ねこ除けも兼ねていました。

ところが長年、「地域ねこ」といって、地域の人たちに共同で管理され、公的に登録されている野良ねこの世話をしてきたお向かいのお宅が引っ越すことになり、ねこは土地から離れられないと困っていたところ、なんとねこがみんなうちの庭に引っ越して来てしまったのです。

そこでやむなく地域ねこの世話を引き継ぐことになりました。親切だけれどねこ嫌いの義姉が見たら、卒倒するのではないかと心配ですが、三匹のねこに振り回される今の暮らしは、この絵本のように奇想天外です。ねこ除けも含めて借家住まいを始めたのに、逆にねこの世話をすることになってしまったのですから、笑えます。

すべてのこと相働きて益と成す

スリランカの作家シビル・ウェッタシンハ氏の絵本です。懐が深く、ユーモアに富んだストーリーと、スリランカ文化に彩られた美しい絵が、読者を心ゆくまで楽しませてくれるでしょう。小学生のおはなし会などでもよく用いられます。


さて、昔、スリランカの島に小さな村がありました。ここでは、だれも傘を見たことがなかったので、雨が降ると、大きな葉っぱやかごを傘代わりにしていたのです。

この村に、キリ・ママという名前のおじさんがいました。

ある日のこと、キリ・ママおじさんが初めて町へ行ってみると、日よけのために、みんなが色とりどりの傘をさしていました。おじさんは、その美しい傘に魅せられ、自分でも一本買って帰りました。村で自分だけが持っていると思うと、うれしくてたまらず、どうやってみんなに見せびらかそうかと、思わず笑みがこぼれました。

対象年齢：5・6歳～

『かさどろぼう』

作・絵＝シビル・ウェッタシンハ
訳＝いのくまようこ
徳間書店

さて夕方おじさんは、バスで村に帰り、バス停のそばのコーヒー店に入ると、塀の陰に傘を隠しました。ところが帰りには、傘がありません。おじさんはがっかりしました。雨が降ったら、また傘代わりが必要です。そこで、再び町に傘を買いに行きました。ところが何度買っても、帰りにコーヒー店で休んでいる間に、傘がなくなってしまうのです。

おじさんは、なぜそんなに傘をたくさんどろぼうするのか、不思議に思い、そのどろぼうを、かならず捕まえてやろうと考えました。

そして、次の日、もう一度町へ出かけて傘を買い、それに細工をしました。たたんだ傘の中に小さな紙を詰め込み、いつものコーヒー店のところに隠したのです。すると案の定傘が消えたので、紙をたどっていくと、森の木の枝に、盗んだ傘がずらりとぶらさがっていました。おじさんはうれしくなって、それを持ち帰りました。しかし、一本だけどろぼうに残しておいてあげたのです。

それから、キリ・ママさんは傘の店を開きました。村の人は大喜びです。おじさんは「どろぼうが　かさを　ぬすんでくれて、よかったなあ。おかげで　かさの　みせができたのだから。おれいを　いいたいくらいだよ」と思いました。

そして勇敢にも、残した傘を確かめに森へ行くと、思いがけずどろぼうに遭遇したのです。

そのどろぼうがだれだったかは、ぜひ絵本でご覧ください。

この絵本の主人公キリ・ママおじさんには、三つの大きな魅力があるのではないでしょうか。

一つ目は好奇心にあふれているところ。初めて見た傘を自分でも手に入れ、村の人たちに見せびらかしたい、どうやったら驚くだろうかと目を輝かせます。傘を盗まれても、あきらめずに新しい傘を買いに行きます。それだけでなく、どろぼうを捕まえようと、工夫するのです。子どものように生き生きとした好奇心が、この絵本を貫いている魅力でしょう。

二つ目は、どろぼうを憎まず、傘を盗られたことを前向き肯定的にとらえて、「おかげで　かさの　みせができたのだから。おれいを　いいたいくらいだよ」と考えたところでしょう。これはキリ・ママさんの人生観でもありましょうが、すべてを益として、ゆとりがあることに心が和みます。

三つ目は、前向き肯定的な思考をさらに発展させ、どろぼうのために傘を一本残しておくという、懐の深さでしょう。それは旧約聖書の「レビ記」の中で、神さまが指導者モーセを通して民に命じた「畑の収穫物はすべてを刈り取らず、貧しい人や在留異国人のために落ち穂は残しておくように」という精神を思い起こさせます。

本作品では、盗人のことさえ慮《おもんぱか》るキリ・ママさんのやさしさが、この絵本を単なるサスペンスで終わらせず、ユーモアに満ちた温かな味わいを生んでいます。しかしその土台となったのが、作者の著書『わたしのなかのこども』(福音館書店)に書かれているように、子ども時代の自然や動物との豊かな触れ合いにあったことは、想像に難くありません。

もの忘れの幸い

この絵本は、ユーモアとゆとりに満ち、ラッキーな出来事にあふれています。第三十回講談社出版文化賞【絵本賞】受賞のこの作品から、ものごとに対して前向きなエネルギーをもつ、意外な秘訣を探ってみましょう。

ある日、おおかみのウルは、〝おひるねもり〟で昼寝をする、たくさんのこぶたを見つけました。何と運のいいことか！　ウルはこぶたたちのことを知らせに友だちのところへ行きました。

まず、ワオーの家のドアを叩き、「おひるねもりでたくさんの……」と言いかけると、その前に、ワオーが、おひるねもりでたくさんのきのこを見つけたから、それでカレーを作った、といいます。そしてウルはワオーに誘われ、おいしいキノコカレーをごちそうになりました。

そのうえ、おみやげまでもらったのです。「きょうは　なんて　うんが　いいんだろう。」

ごきげんでさよならしたウルは、歩き出してから、ワオーの家を訪ねた理由を思い出しました。しかし、「まあ、いいや」と足の向くまま、次の友だちのところへ向かいます。

するとガルルの家でも、ペロリの家でも、ワオーのところと同様、ウルより先に、おひるねもりで起こったたいいことを話されてしまいました。そして、どの家でも、おひるねもりの食材で作ったおいしい手料理をごちそうになり、おみやげまでもらって別れるのです。足どりも軽く「きょうは　なんて　うんが　いいんだろう」と、ごきげんで歩き出すと、また、こぶたのことを伝え忘れたことに気づきました。

でもウルは「まあ、いいや」と家に帰りました。

その夜、ウルは「きょうはなんて　うんが　いいんだろう。でもなにかわすれているきがするなあ。まあ、いいか」と、三人からもらったおみやげでおいしい夕飯を食べました。

そのころ、おひるねもりで目覚めたこぶたたちも、「あーよくねたね」「おいし

対象年齢：4歳～

**『きょうは　なんて
うんが　いいんだろう』**
作・絵＝宮西達也
鈴木出版

いりんごでおなかもいっぱいだし」「ほんとに　きょうは　なんて　うんが　いいんだろう」と家へ帰りました。

その瞬間、ウルは自宅の食卓で、こぶたたちのことを思い出したのです。

その後どうしたかは、ご想像にお任せします。


さて、この絵本の主人公おおかみのウルは、楽天的でおおらか、そして食いしん坊ですが、忘れっぽいことも、幸せの実感につながっていたのかもしれません。

ウルは、自分が人に伝えたい喜びがあるときでも、相手の話の腰を折るようなことはしませんでした。自分の伝えたい喜びを後回しにするうちに忘れてしまい、友だちの喜びに共感して、「きょうは　なんて　うんが　いいんだろう」と考えます。

つまり、彼独特の忘れっぽさも功を奏していたのかもしれません。もちろんそれが、ウルにとっても心地良いことだったのでしょうが、ウルのように他愛もないことを忘れるのは、すなわち欲にとらわれず、「今」の喜びを最高に生かすことともいえるでしょう。

この絵本でもう一つおもしろいのは、対極的にこぶたからの視点が表現されていることです。

こぶたたちは、ウルが彼らのことを忘れていたおかげで、安寧が守られ、寝ざめの幸せが得られました。

「きょうは　なんて　うんが　いいんだろう」という前向きな思いは、天から与えられている恵みに気づくところから生まれるのでしょうが、それは、ウルのように、もの忘れに助けられる場合もあるのでしょう。そのおかげで、自分だけでなく、他の人まで幸せな気持ちになれるなら、何よりラッキーなことにちがいありません。

人間の記憶には、ワーキングメモリといって、ある作業を達成するために必要な、頭の中のメモ帳のような働きをする作業記憶があると言われます。ウルのように、次から次へと出来事が重なり、意識するものが変わるうちに、目的そのものを忘れてしまうのはだれにでも起こり得ることのようです。

その日その時、「きょうは　なんて　うんが　いいんだろう」と、ウルのように、今という時の恵みに感謝できるなら、このうえなくラッキーでしょう。

春の恵みを訪ねて

においがテーマになっている作品です。

においは人の記憶を呼び起こすきっかけになるそうですが、そのセンサーである人間の嗅覚には、「プルースト効果」という性質があるといわれます。これは、フランスの作家マルセル・プルーストが書いた小説『失われた時を求めて』の冒頭で、主人公が紅茶に浸したマドレーヌを口にした瞬間、幼少時代の記憶が誘発されたところから命名されたようです。

私も、ひのきのにおいをかぐと、めずらしく昼間、お風呂に入った幼い日の記憶がよみがえります。そのとき、妹と歌った「森の小人」の歌や、湯船に差し込んだ日ざしの明るさまでが、昨日のことのように鮮やかに思い出されますが、それは、私にとっての幸せな日の記憶だからだと思います。

この絵本の原題は"The Happy Day"(幸せな日)ですが、子どもたちにとっては「くんくん」

という擬態語の入ったタイトルのほうが親しみやすいことは、いうまでもありません。

赤ちゃんがことばを覚えたてのころに使う「ワンワン」や「ブーブー」などの幼児語には、擬音語が多く含まれています。おとなでも生き生きと話が伝わるには、水がジャージャー流れるとか、紙をビリビリ破くなど、いわゆるオノマトペの表現効果が大きいと聞きました。

さて、この作品では、鮮やかな黄色い表紙に、動物たちがうれしそうに飛び跳ねています。何がそんなにうれしいのかとワクワクしますが、本文の場面は、一転してモノクロの冬景色に変わります。

対象年齢：3歳～

『はなを　くんくん』
作＝ルース・クラウス
絵＝マーク・シーモント
訳＝木島始、福音館書店

一面の雪の原にたくさんの穴が描かれ、その中には、手を伸ばして触りたいほどかわいい野ねずみたちが眠っています。熊やかたつむりも冬眠しています。雪の森は、こんなにもたくさんの動物を隠しているのかと驚くほど、りすも山ねずみも、雪の布団をかけて静かな寝息を立てています。

命ある静寂を絵に描くと、こんな世界なのでしょう。やわらかい鉛筆画で描かれた冬の森が余すところなく味わえるのも、この絵本の魅力です。

さて後半では、お話は劇的に展開します。それまで眠っていた動物たちが目を覚まして一斉に駆け出すのです。

「はなをくんくん、はなをくんくん」、大きな熊から小さなかたつむりまで、何かに向かって駆けて行くのです。そして、動物たちは「うわぁい！」と歓声を上げます。

彼らを冬眠から目覚めさせたにおい。さあ、そこには何があったのでしょうか。

春が来るのは、こんなにも心が躍り、うれしいのだという感動をあらためて教えてくれるのが、この絵本です。そのにおいこそが、動物たちにとって、まさしく冬から春へと季節の変わる証《あか》し。幸せな日の記憶となるにちがいないのですから。

ところで、自然の不思議さや美しさに目を向ける幼児のことばは、非常に豊かです。

長年、幼稚園で子どもたちの心の声を聞き続け、ありのままのことばを書きとめられた清水えみ子先生の、幼児のことば十年間の記録『ちがうぼくととりかえて』（童心社）を読むと、はっとさせられます。

たとえば、まちこちゃんは「たんぽぽの　はっぱ、だれが　ああ　ふうにぎざぎざにしたの？　かみさまだね、　かみさまが　みんな　やったんだね」と表現しています。また、ひろよしくんは、水栽培のさといもを見て「おいもが　ずいぶん　大きく　なったね。よなかにさ、かみさまが　のびらすんだよ」とその生長をとらえます。

おとなよりはるかに体の小さい幼児は、その視点から自然を観察し、豊かな想像力を働かせて表現します。だれに教わらなくとも、おとなが見逃してしまうような小さな事象をすくい取り、自分なりに感じ、考えてことばで表現していくのです。

ですから子ども読者は、この絵本の中で動物たちといっしょに駆け出し、最後の場面で明かされる神さまの恵みのすばらしさを見に行くといっても、過言ではないでしょう。

四季を理解できる年齢のほうが、より豊かに楽しめる絵本だと思います。

木が与えてくれる喜び

木のすばらしさがしみじみと伝わる絵本です。保育者だったユードリイ氏の文に、画家シーモント氏が絵を添えたこの作品は、一九五七年にコルデコット賞（アメリカの年間最優秀絵本賞）を受賞しています。当時よりもさらに都市化が進んだ現在は、いっそう必要とされる絵本でしょう。これからも木そのもののように、読者の心を潤し続けることと思います。

最初は、「木がたくさんあるのはいいなあ。木がそらをかくしているよ」という、森の場面から始まります。この絵本に触れるだけで森林浴ができそうです。力強い絵のタッチ、ダイナミックなアウトラインが、木のもつ力を余すところなく表現しています。また、子どもたちが木登りしたり、りんごの実を収穫したり、落ち葉で遊ぶ伸びやかな姿が活写されています。木が人間の生活にどれほど大切か、人が木によってどれほど守られているかもわかります。子ども読者にとっては静的な部類の絵本かもしれませんが、この絵本を通して、木に対する想像力や感性がいっそう養われるでしょう。おとなにとっては、子どものころからの木の思い出を思いめぐらしたり、木に対する親しみが増す絵本だと思います。

私事ですが、木というと思い出す子どものころのエピソードがあります。

小学生時代の夏休みは毎年、八ヶ岳山麓にある母方の祖父母の家で過ごしました。祖父母は農夫でしたが、水道もまだない時代、すべて水は森の中の湧き水を運んでまかない、労働も過酷でした。しかし今思えば、森に満ちる木の香のように、継母の両親である祖父母は、血縁のない私にも、分け隔てなく愛情を注いでくれました。

ある日、祖父が、森の木の巣から落ちたらしい鳥のヒナを二羽、家に

対象年齢：5・6歳～

『木はいいなあ』

作＝ジャニス・メイ・ユードリイ
絵＝マーク・シーモント
訳＝西園寺祥子、偕成社

連れて帰りました。元気にピーピーと鳴いています。すぐに祖父はヒナに仮の巣を作り、私たちは、祖父の作ったすり餌を食べさせました。

ところが、毎日おもしろがって餌をやりすぎたために喉につかえて、ヒナが死んでしまったのです。すると、ふだんはやさしい叔父が、「ヒナを連れて帰って来たらだめなんだ！　親鳥がそばにいるかもしれない。ヒナはおもちゃじゃないんだ！　命があるんだ！　食べさせすぎたら、死んじゃうんだよ！」と激怒したのを覚えています。子どもたちを喜ばせようとした祖父も、叔父に言われてしゅんとしてしまいました。

私はその晩、なぜか熱を出しました。すると祖父がそばに来て、「おじいちゃんが悪かった。早く熱が下がるといいなぁ」と言いながら、ずっと足をさすってくれたのを昨日のことのように思い出します。

私はすぐに元気になりましたが、祖父のぬくもりとともに、叔父の語った自然の摂理を深く心に刻みました。

現在、私どもの住まいの庭木は、大家さんが植えた柊《ひいらぎ》、椿《つばき》、椎《しい》、つつじ、びわ、シュロ、やつで、桑などです。どんどん伸びて葉を茂らせ、庭に住む地域ねこたちに木陰を作り、雨からも守ってくれます。光合成により酸素を生み、限りない恩恵をもたらしてくれます。

木は、枝が伸び、葉が茂るとすがすがしい反面、道路や電線との接触によって、人が危険にさらされる可能性もあります。心から「木はいいなあ」と言うために、住宅が密集している場所では、細心の注意を払い、木の手入れをする必要がありそうです。

先日、親しい保育園の先生が、五歳児クラスでこの絵本の読み語りをしたら、みんな静かに聞いていて、読み終わると、園庭で木登りを始めた子どももいたそうです。木への親しみが増したと先生は話していました。

この絵本が語るように、子どもたちが愛情をもって世話できる自分の木がどこかにあるといいのでしょう。

高齢者の方との絵本の読み合いでも、この絵本は人気があるようです。一生を通して植栽や木との交流は心にゆとりを与えてくれます。神さまが下さる木の恵みと喜びに、この絵本はあらためて気づかせてくれるかもしれません。

5

その人らしさが大切にされる絵本

こだわりからの解放

本作品は小学校の教科書にも掲載されましたので、ご存じの方も多いかもしれません。すぐれたエッセイストであった絵本作家故・佐野洋子氏の鋭い人間観察眼が光る、第二十二回産経児童出版文化賞推薦作品です。

あるところに、ダンディなおじさんがいました。その人は、黒くて細い杖のようなとても立派な傘を持っており、出かけるときはいつもその傘を持って出かけました。

ただ、おじさんにはちょっと変わったこだわりがありました。どんなに雨が降っても傘をさそうとしなかったのです。大事な傘をぬらさないためでした。ですから、雨が降ると雨宿りをしたり、よその人の傘に入れてもらったりして雨を防ぎました。さらに大降りの日は、どこへも行かず、家の中にいたのです。

ある日、おじさんは、公園の大きな木の下で、傘の柄に手をのせ、休んでいました。すると

対象年齢：4歳〜

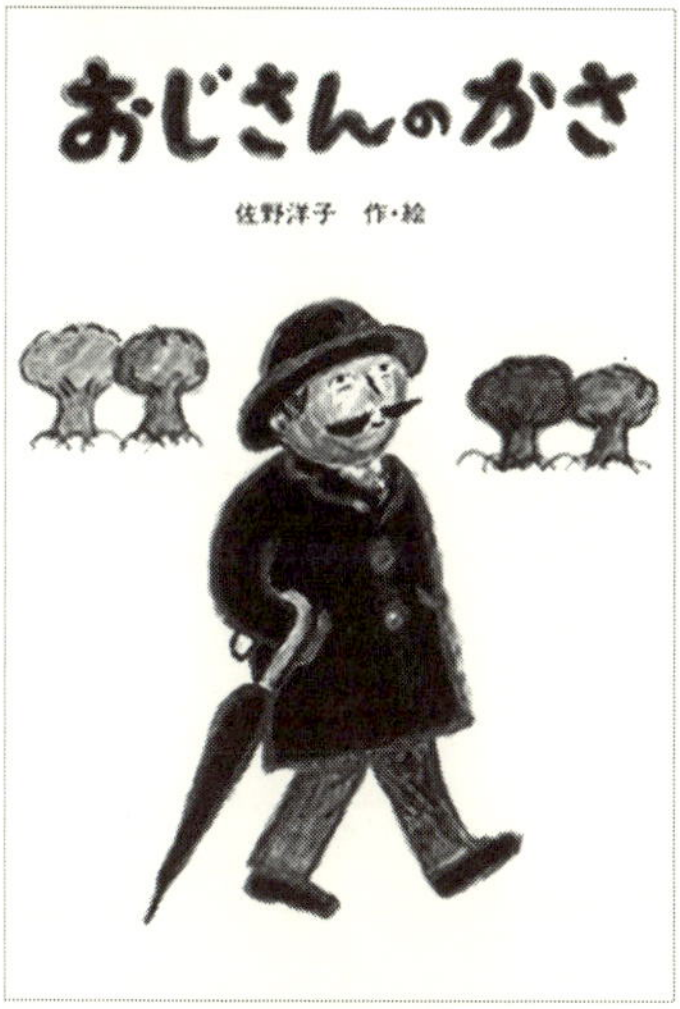

『おじさんのかさ』

作・絵＝佐野洋子
講談社

間もなく、雨が降り始め、小さな男の子が雨宿りをしに走って来ました。そして、おじさんの傘を見ると、いっしょに入れて行ってくれるようにと、頼んだのです。しかしおじさんは、「おっほん」と咳払いをし、聞こえなかったふりをしました。

そこへ、男の子の友だちの小さな女の子が来て、傘がないならいっしょに帰りましょうと、男の子を誘ったのです。そして仲良くふたりで傘に入り、「あめが　ふったら　ポンポロロン　あめが　ふったら　ピッチャンチャン」と楽しそうに歌いながら、遠ざかって行きました。

それを見ていたおじさんは、思わずつられて「あめが　ふったら　ポンポロロン　あめが　ふったら　ピッチャンチャン」と口ずさみました。それから、自分も雨の中で傘を開いてみたのです。

するとおじさんの傘にも、雨滴がポンポロロンと当たりました。おじさんは、すっかりうれしくなって、子どものように傘をクルクル回し、雨のしずくをピュルピュル飛ばしました。

町へ出ると、花が咲いたように、皆が傘

をさし、長靴がピッチャンチャンと音を立てています。

おじさんも傘の雨音を楽しみながら、元気よく家へ帰りました。そして、静かに傘をすぼめ、「ぐっしょりぬれたかさも　いいもんだなあ。だいいち　かさらしいじゃないか」とうっとりしながら言ったのでした。


いつもそばに置いておきたいほど大切な傘だから、雨にぬらさないようにするおじさんの様子を見ると、子ども読者は笑います。作中でも、それを変えたのは、雨の大好きな子どもたちでした。雨の日に傘をさすのを待ち望み、「あめが　ふったら　ポンポロロン……」と歌を歌って雨音を楽しむのです。

それにつられて、おじさんも「ほんとかなあ」とついに傘を開いてしまいました。傘を大切に思うあまりに、ぬらしてはいけないと思う、ある種の自縛的な先入観が解け、傘を傘らしく使う喜びへと変わったのです。

人にはそれぞれ大事に守っている事柄があり、何かにこだわって生きているといえるかもしれません。

知り合いにダンディなおじいさんがいます。彼は外出するときは、いつも帽子をかぶり、孫の保育園の催し物であろうと、会席であろうと、屋内でも帽子をかぶったまま出席し、咎《とが》められてもとろうとしませんでした。帽子をかぶっている自分が好きだからです。

ところが、ある日、孫の飼っているインコが逃げたので、思わず帽子を脱ぎ、帽子で捕まえました。すると孫は、帽子をかぶっていない祖父を見て、「おじいちゃん、帽子をかぶっていなくてもカッコイイよ」と言いました。それからはダンディ氏は、屋内で帽子を脱ぐようになったそうです。

私たちは、傘をさそうとさすまいと、帽子を脱いでもかぶっても、いつも神さまの御愛《みあい》の傘下にあります。その傘下で、気づきが与えられたりこだわりから解放されるのでしょう。

本作品には教訓臭がなく、愛すべきこだわりの生き方やその人らしさを、温かな目で描いています。最初と最後に登場する奥さんの存在もほのぼのとして、ユーモアと安心感に包まれることでしょう。読者は作品全体から、自己肯定感や視野の広さ、他者に対する寛容さを得ることができると思います。子どももおとなも楽しめる絵本でしょう。

自分の弱さをたいせつにするとは

キリスト教では、人間は神さまによって造られ、心臓の鼓動も刻まれる存在です。この作品は、その造り主が私たちをどんなに愛してくださっているのか、教えてくれます。

なだらかな緑の丘に、エリというすばらしい彫刻家が住んでいました。木を彫っては、ウイミックスという小人たちを一人ひとり、大事に造り上げました。エリの造ったウイミックスには、いのちがあります。それぞれ顔も個性も違っていましたが、どの小人にも人間のようにちゃんと名前があり、みな、エリの住んでいる丘の下の村で暮らしていました。

彼らは、毎日、小さなシールを体に貼り合いました。〝お星さまシール〟を貼られるのは、容姿の整っている才能豊かな小人たちです。ところが、体の絵の具がはがれていたり、何もできない小人たちは、灰色の〝だめじるしシール〟を貼られました。

緑の服に緑の帽子をかぶったパンチネロは、体じゅうに〝だめじるしシール〟を貼られ、服の色が灰色に見えるほどでした。みんなに、「やつは　だめじるしだらけが　おにあいだな」とからかわれ、自分でも、「どうせぼくは　だめなウイミックスだから」とひがむようになりました。

ところが、ある日パンチネロは、体に一つもシールのついていないルシアという女の子に出会いました。ルシアは白い服のよく似合うウイミックスです。みんなが、だめじるしの一枚もないルシアをすてきだと褒めて、お星さまシールを貼ろうとしましたが、くっつきませんでした。逆に、お星さまをひとつももらってないなんてダメだね、と、だめじるしをつけようとしても、シールは落ちてしまったのです。

パンチネロはルシアがうらやましくなり、どうしたらそうなれるかと聞くと、私は毎日、エリに会いに行くの。あなたも行ってみたら、と勧められました。

パンチネロは、エリが自分などに会ってくれるだろうかと心配でしたが、思いきっ

対象年齢：7歳～

『たいせつなきみ』

作＝マックス・ルケード
絵＝セルジオ・マルティネス
訳＝ホーバード・豊子、いのちのことば社

てエリの仕事場を訪ねました。

すると、「パンチネロじゃないか！」と大きな温かい声で迎えられたのです。エリはパンチネロの造り主ですから、名前を覚えていて、パンチネロをうれしそうに抱き上げました。

そして、体じゅうの〝だめじるしシール〟については、おまえは、失敗作などではないよ。私がおまえをどんなに大切だと思っているかを忘れないように、毎日、私のところへおいで、と言ってくれました。人の評価ばかり気にしていると、自分からシールを集めにいってしまうというのです。エリの愛情に満たされて、パンチネロの体から〝だめじるし〟がひとつ落ちました。


キリスト教では、人間は神さまによって造られた存在ですが、エリの大きくて温かな存在感は、神さまそのものです。この絵本から、神さまは私たち一人ひとりを大切な作品として、丁寧に造ってくださったことがわかります。原題に〝YOU ARE SPECIAL〟と書かれているように、一人ひとりが特別な存在なのですから、本来、比較のものさしなどはなく、お星さまシールもだめじるしシールも付けられないはずなのです。

しかし私たちは、一律に自分と人、人と人とを評価しがちです。そしてパンチネロのように他人のことばや価値観を取り入れて、ゆがんだセルフイメージを作り上げ、いつのまにか自分をダメだと思い込んでしまう場合もあります。「シール」の意味は、最終的には自分が自分に与えている評価なのでしょう。けれども、神さまの評価は正反対です。

神さまは私たちの弱さもよくご存じですが、そこに〝だめじるしシール〟を貼るようなことはありません。それどころか、むしろ弱いところはご自分がカバーするからと言って、弱さを認めることを評価してくださっているのです。つまり強がって我を張らない、むしろ弱さを誇る空っぽの器ほど、神さまが恵みで満たしてくださいます。

ですから、ルシアやパンチネロがエリを訪ねたように、私たちも弱いところを自覚し、カバーしてくださるよう、毎日神さまに祈り求めてよいのです。

神さまはどんな時でも、喜んで私たちを待っていてくださいます。むしろ弱さを通してこそ、神さまとの絆も深まっていくのでしょう。

しなやかな想像力の成せる技

一九七五年初版のロングセラーです。主人公は初々しい想像力をもつおばあさん。発達心理学者エリクソンは、人は生涯を通して発達し、成熟すると言いましたが、老年期のしなやかな賢さや知恵をこの絵本は示してくれるようです。

あるところに小さな家があり、九十八歳のおばあさんと、元気な五歳のねこの男の子が住んでいました。ねこは毎日、川へ魚釣りに行くとき、「おばあちゃんも　さかなつりに　おいでよ」と誘いましたが、「だって　わたしは　九十八だもの、九十八の　おばあさんが　さかなつりを　したら　にあわないわ」と断り続けました。そして畑で採れた豆の皮をむいたり、昼寝をしたりして、おばあさんらしく過ごしたのです。「だって　わたしは　九十八だもの」というのが、口癖でした。

やがておばあさんは九十九歳の誕生日を迎え、朝からお得意のバースデーケーキを作りました。ねこにろうそくを九十九本買って来てほしいと頼みましたが、急ぎすぎたねこは、川にろうそくを落としてしまいました。手に残った、たった五本を持って、泣きながら帰って来たのです。
　おばあさんはがっかりしましたが、「五ほんだって　ないより　ましさ」と五本のろうそくをケーキに立て、一本ずつろうそくの数を数えました。そして、「五さいの　おたんじょうび　おめでとう」と、自分で自分にお祝いを言ったのです。「ぼくと　おんなじ！」ねこも言い、ふたりでおいしくケーキを食べました。

対象年齢：5歳～

『だってだっての おばあさん』

作・絵＝佐野洋子
フレーベル館

　さて次の日、おばあさんはねこに誘われるまま帽子を被り、長靴を履き、「だって　わたしは　五さいだもの……、あら　そうね！　五さいだから、さかなつりに　いくわ」と言って、元気に魚つりに出かけました。
　久しぶりに行った野原で蝶になったようです。九十四年ぶりに川を飛び越え、鳥になったようでした。そして、ねこといっしょに川で魚もたくさん捕りました。

おばあさんはうれしくてたまりません。そして「ねえ、わたし　どうして　まえから　五さいに　ならなかったのかしら。らいねんの　おたんじょうびにも　ろうそく　五ほん　かってきておくれ」と言いました。

ねこは少し心配になりました。どんな心配かは、ぜひ絵本でご覧ください。


このおばあさんの自分らしいところは、「だって　わたしは　九十八だもの」と言いつつも、前向きで想像力豊かなところではないでしょうか。「だって　わたしは　九十八だもの」という発想は、良きにつけ悪しきにつけ思い込みでしょうが、おばあさんの発想が変わったのは、九十九歳のバースデーケーキに、五本のろうそくを立てたときでした。

このときも、泣いて帰って来たねこを「五ほんだって　ないより　ましさ」と前向きに励ましました。それが、おばあさんの生き方を変えるきっかけになったのです。

五本のろうそくでお祝いし、自分に「五さいの　おたんじょうび　おめでとう」と言い、五歳のつもりになるという初々しくしなやかな想像力！　その豊かな想像力のおかげで固定観念は解け、蝶や鳥やねこのように自由な発想へ、そして意欲へ導かれたのです。「おばあさんらしさ」からの解放でしょう。

おばあさんを主人公とした絵本は、ほかにも『エマおばあちゃん』（ウェンディ・ケッセルマン著、バーバラ・クーニー絵、徳間書店）、『ルピナスさん』（バーバラ・クーニー作・絵、ほるぷ出版）、『ハルばぁちゃんの手』（山中恒著、木下晋絵、福音館書店）などの魅力的な作品がありますが、本作品は肉体的には実年齢のままで、心は子どものようなしなやかさを取り戻すという飛躍的な想像がおもしろく、子どももおとなもいっしょに楽しめるでしょう。

教訓臭のないこの絵本の豊かな発想は、想像力を用いて行動したいという新たな意欲を、どんな年齢の人にも与えてくれるのではないでしょうか。

主人公の年齢が九十九歳なので、高齢者の方からも、元気がもらえる絵本だという感想を聞くことがよくあります。おばあさんへのプレゼントとしても、人気があるようです。

自尊感情を育む

子どもたちに人気があり、コミカルな楽しい絵が魅力的な絵本です。しかも子どもにとって、距離の近い兄弟は、親の愛情を奪い合う競争関係になる場合がありますので、この作品のストーリーは、おとなにとっても、子どもが成長していくときの親子間、兄弟間の感情について考える良いチャンスをつくってくれるでしょう。

たまごにいちゃんは、にわとりの子でした。でも、ひよこではなく、卵の殻をつけたまま動き回っています。卵ならお母さんに温めてもらえるし、いろいろな動物の暖かい毛の中にもぐり込んだり、水に浮いてリラックスしたりすることもでき、心地よいのです。お母さんは、「はやく　おおきくなると　いいわね」と言いましたが、「いいえ。ぼくはこれで　いいんですよ、おかあさん」と答えました。

たまごにいちゃんの弟は、黄色いひよこです。ときどき、おにいちゃんが弟を背中に乗せて

対象年齢：4歳〜

『たまごにいちゃん』

作・絵＝あきやまただし
鈴木出版

「だいぶ　おもくなってるよ」と言うと、弟は喜びました。でも、おにいちゃんは弟のほうが大きくても平気で、ずっと卵のままでいたいと思いました。

ところがある日、からすに追いかけられて石にぶつかり、殻にひびが入ってしまいます。「このままじゃ　ぼく　ほんとうのおにいちゃんに　なっちゃう」と心配しますが、案の定、殻は割れ、ひよこを通り越してりりしい若鶏になってしまいました。

それを見た母と弟は、「とっても　すてきよ」「すごく　かっこいいよ」と絶賛します。たまごにいちゃんも、水たまりに映った自分を見直し、きみ、なかなか悪くないよ、と語りかけるのでした。

たまごにいちゃんは、おにいちゃん（兄、成長した男の子）でも甘えたいという、子どもの心理の代弁者だと思います。

親は特に、長子の成長や将来に過度の期待を無意識にかけがちですので、子どものほうはそのプレッシャーに苦しむ場合が多いのかもしれません。

しかし本作品では、卵のままでいたいという主人公の思いを、母や弟が軽蔑するということはありません。

じつは、このシリーズの『たまごにいちゃんといっしょ』では、弟も同じように卵の殻をかぶっていたのですが、木が倒れて殻が割れてしまったのです。そのとき、兄は盾になって弟を守ろうとしましたが、それがかなわないとわかると、「げんきを　だせ、おとうとよ。おまえは　きっと　りっぱに　なれる。おにいちゃんは　いつも　みまもっているぞ」と励ましました。その後、弟はひよことしてどんどん大きくなっていき、兄も弟の成長をともに喜びます。

こうして、それぞれがありのままの自分を生きられるのは、親が息子たちを比較して、自分の期待に応えたほうをより評価するようなことがなく、妙なプレッシャーをかけずに、おのおのの成長を温かく見守るせいかもしれません。

この後のシリーズ『がんばる！　たまごにいちゃん』では、母に甘えるのをやめて、張り切りすぎたたまごにいちゃんが、また卵に戻りたくなって涙すると、友だちが、卵の殻になりそうなヤカンや箱などの代用品を探してきてくれます。しかしこのとき、たまごにいちゃんは、友だちがみな、早くお父さんのように強くなりたいと思っていることを知り、心から友だちを「かっこいいなあ」と思います。そして、拾ってきた手袋を頭にかぶり、ぼくだって、こんなに大きなとさかが欲しい、と新たな成長への希望を抱くのでした。

この絵本では、親子も兄弟も友だちも互いのあり方を尊重し、相手の心の位置を肯定する思いにあふれているので、読むとほっとします。子どもの心に、そのままの自分に価値があるという自尊感情を育てるには、やはり親兄弟や友だちからの揺るぎない肯定が必要であることがよくわかります。自尊感情が育まれると、自分だけでなく他者の持ち味も尊重できるので、兄弟愛も深まると思います。

本作品を楽しく味わうなかで、他者と尊重し合うあり方が育ち、自尊感情が育まれるという意味で、貴重な絵本といえるのではないでしょうか。

何ができてもできなくても、ありのままのあなたが好き

クリスチャン作家・亀岡亜希子氏の絵本です。どんぐりの木とリスとの友情を通して、ぬくもりに満ちた価値観が語られます。

ある原っぱに、若いどんぐりの木がありました。初めて実をつけたので、だれかがどんぐりを食べに来てくれることを心待ちにしていました。

ところが、まだ青い実だと知らずに食べたリスが、「うわあ、ぺっぺっぺっ。まずくて　たべられないよ！」と悪評を立てたので、森の動物たちが口々に、「にがくて　かたい　どんぐりやい　にても　やいても　たべられん」とからかいました。

するとどんぐりの木は、「ぼくの　どんぐりは　まずいんだ……」とだんだん自信を失い、とうとう実をつけなくなってしまったのです。

それから数年後、一匹のリスが「まあ、りっぱな　どんぐりのき！」と、その木に住みつき

ました。どんぐりの木はリスを嫌って、追い出そうとしましたが、リスは一向に気にしません。

「わたしは　あんたが　きにいったの」と、どんぐりの木での生活を満喫しました。

やがて動物たちも、心地良いリスの部屋を見に来ましたが、相変わらずどんぐりの木の悪口をはやし立てました。それを聞いたリスは、「しつれいね！　このきが　どんぐりをつけないはず　ないじゃない。ぜったい　おいしい　どんぐりなんだから。みてらっしゃい！」と言い返しました。

対象年齢：5歳〜

『どんぐりのき』

作・絵＝亀岡亜希子
ＰＨＰ研究所

しかし、どんぐりの木は、「いずれ、きみも　でていくんだ。だって……、ぼくはどんぐりをつけないからね」と、かえって心を痛めました。

するとリスは笑って答えたのです。

「どんぐりを　つけようが　つけまいが、わたしは　あんたが　すきなのよ」と。

こうした、人の存在価値に対する絶対的

肯定の価値観を知らない人は大勢いると思います。私もその一人でした。キリスト教保育の幼稚園以降、聖書に触れる機会がなく、自分の存在価値を肯定できないまま、高校三年のときに生きる気力を失いました。

当時、父は全盛期の大学受験予備校の教員でした。

しかも大学のランクで人のすべてを判断する価値観をもっていましたので、私の受験に関しても、国立大学でなければだめだと、脅しの姿勢で臨みました。軍人の家に生まれ、威圧的で不安感の強かった父は、予備校教師の娘が大学受験に失敗したら、世間体が悪いと思ったのでしょうか。毎晩、勉強部屋へ監視に来るような、いわば教育虐待に近いものがありました。

私は罵倒されるのが嫌で、学期末に父に通知表を見せる前に、こっそり成績評価を書き換えたりもしました。しかし劣等生であることに変わりはなく、通知表の「親からの連絡覧」に父は、「教師ノ娘デアリナガラ、成績ガ悪クテオ恥ズカシイ限リデス」と書きました。

何より残念だったのは、父の価値観を私自身が取り込んで自分を責め、どんどん自信を失っていったことです。

そんな状況に窒息しかけたとき、祖母に言われました。「死んじゃ、だめよ！　あなたが親の重荷を背負うことなんてない。あなたは大事な子どもなんだから、あなたの人生をあなたらしく生きていいのよ」と。そして、祖母といっしょに通った幼稚園の卒園時にいただいた聖書を、私に渡してくれました。

祖母はキリスト者ではありませんでしたし、私も自分の窮地を祖母に話したこともなかったのに、なぜ私の胸中がわかったのか不思議でしたが、祖母のことばに助けられました。祖母は父の継母であり、私と血縁はありませんでした。しかし、私も一歳のときに実母が亡くなり、新しい母との間に確執を抱えていましたので、祖母が唯一の味方でいてくれたのを、幼い時からありがたく思っていました。

その後、祖母の渡してくれた聖書の「わたしの目には、あなたは高価で尊い。わたしはあなたを愛している」（旧約聖書・イザヤ書四三章四節）という聖句から、神さまはどんなときも私を愛し、味方になってくださっていることを知り、安心しました。

「私は私のままでいい！　どんな私にも生きる価値がある！」と元気が湧き、私以上に私の心の中をご存じで、私にいのちを与えてくださっている天の父に感謝しました。

さて、どんぐりの木はどうなったでしょうか。

この絵本を読んで、人はみな、何ができてもできなくても存在そのものに価値があること、ありのままの自分を肯定できてこそ希望が湧くことに気づけるのは、幸いだと思います。

6

子どもといっしょに楽しく遊べる絵本

楽しい日本語のレッスン

あいうえおのことばあそび絵本で、子どもたちに大人気の一冊です。「あ」から「ん」のまでの濁音、半濁音も含め、一文字一音にまつわる食べ物が、リズミカルな文と愉快な絵でとびきりすてきなパレードのように登場します。

あっちゃん　あがつく　あいすくりーむ
いっちゃん　いがつく　いちごじゃむ
うっちゃん　うがつく　うめぼし　すっぱい……

絵を見ると、どの食べ物も実においしそうに、しかも、いたずらっ子のような視線で擬人化して描かれています。エビフライがサングラスをかけ、寝転んで読書していたり、カステラが電車ごっこをしていたり、サイコロキャラメルは自分の包み紙で鶴を折っている。絵もつなが

っていて、ストーリーがあるようです
子どもたちはことばあそびが好きです。おとなは特に意識しない六十九音の連続でも、おはなし会などでこの絵本を読むと、子どもたちが、なんとうれしそうに唱和することでしょう。
おとなでも、日本語を構成する六十九音の魅力が、懐かしい食べ物といっしょに満喫できます。

対象年齢：3歳〜

『あっちゃん あがつく たべものあいうえお』

原案＝みねよう、作＝さいとうしのぶ
リーブル

教育学者の齋藤孝氏は、日本語というのは一文字一音でほぼつなぐことができ、一文字が大きな意味を成している、非常に合理的な言語だと、『齋藤孝の実践！ 日本語ドリル――日本語力がみるみる身に付く五十題』（宝島社）で述べています。
それだけに、ことばの基礎づくりをする幼児期には、この絵本のように楽しくことばあそびをしながら、一文字一音の音韻意識の法則を培っていくことに意味があるのでしょう。

文字に興味をもち始めた子どもが、この絵本を辞書代わりにして手紙を書いたり、うれしそうに持ち歩いたりする姿が見受けられます。

このような日本語の一文字一音の性質を用い、まばたきによって感動的な詩や短歌を創作したのが水野源三さんです。水野さんは太平洋戦争敗戦の一年後、九歳のときに集団赤痢の後遺症から脳性麻痺を患い、首から下の運動機能と声を奪われました。しかし、お母さんの愛情が水野さんの言語表現を可能にする方法を見出しました。それは、水野さんの発話したい一音一音を書き取るために、お母さんが五十音図を使って、まず、あ段の行を「あ・か・さ・た・な……」と声で拾い、源三さんがまばたきをした箇所で止める。さらにお母さんがその行の下の音を、あ段からお段まで言い、再度まばたきした音を筆記するという方法でした。

たった一文字を表現するために、母と子の間で根気のいるコミュニケーションが繰り返されましたが、まばたきの合図によって言語表現ができたということは、水野少年がすでに日本語の一文字一音の音韻意識を獲得していたお蔭です。

幾度も　ありがとうと声出して　言いたしと思い　今日も日暮れぬ

これは、十八歳で創作を始めてからの水野さんの心にしみる短歌です。このように、人の大切な思いを組み立ててくれる一文字一音ですが、私たちは生まれながらにことばを使えるわけではありません。話しことばや書きことばとして表現されるまでには、おおよその発達という段階をたどるのです。まだことばの話せない赤ちゃんがことばを獲得していくプロセスにも、やがて音韻意識が発達し、文字に興味をもつプロセスにも、ほぼ一定の段階があります。

おいしいものが大好きなご近所のクンちゃんは、食べ物がたくさん登場するこの絵本が大好き。二歳になる前から、お母さんに読んでもらっては、食べるまねをしていました。あるとき、お祭りに行ったら「わっちゃん　わがつく　わたがち（し）　かって」と、この絵本のことばでねだられ、お母さんはうれしかったそうです。

乳幼児期に必要不可欠なのは、特に身近なおとなとの温かな触れ合いやことばのやりとりでしょう。そのコミュニケーションに一役買うのが絵本だと思います。中でもこの絵本は、子どもたちが、声に出して周囲の人といっしょにことばあそびができる、愉快で楽しい一冊になるでしょう。

出会いの喜び――赤ちゃん絵本を楽しむ

絵本の対象年齢が0歳の場合、乳児が目で絵を見て、耳からお話が聴けるようになるおおよそ六か月～十か月ごろから、読み語りが始められるでしょう。

この作品は、乳児に人気のある絵本です。やさしい語り口の文章が、乳児のお月さまへの親愛の情を深め、ことばを獲得するうえでも力を発揮するようです。美しく親しみやすい絵とともに、ドラマティックでわかりやすいストーリーが展開し、子どもたちをハラハラドキドキさせます。そして、最後にホッと安心できるのが魅力です。


絵本には、無駄な場面はありません。どのページにも意味があります。

まず表紙には、満月がかわいい寝顔で描かれています。なぜ目を閉じているのか、その理由は裏表紙を見るとわかるでしょう。そこには、べーッと舌を出したお月さまのお茶目な顔があり、子どもたちの笑いを誘います。つまり乳児におもて表紙を見せてから、パッと裏表紙に返すと「いないいないばあ」の遊びができるのです。それも、この絵本のおもしろさでしょう。
さて、物語がやさしい口調で

「よるになったよ。ほら　おそらが　くらい　くらい」
「おや　やねのうえが　あかるくなった」
「おつきさまだ」

と始まると、いよいよお月さまの登場です。

それもいきなりではなく、お月さまが次第に高く昇り、眠っている表情からパッチリ目をさました良いお顔へと変化が見られますので、喜びも大きいのです。

それにともなって、今まで地面にいたねこたちも屋根に飛び乗り、二匹でうれしそうに「おつきさま　こんばんは」と挨拶するかのようです。シルエットだけで、ねこの心模様まで表現されているのが、みごとです。

お月さまに会えた喜びが、絵本全体にあふれて

対象年齢：0歳～

『おつきさまこんばんは』
作・絵＝林明子
福音館書店

います。ねこたちも、明るく丸いお月さまの顔が見られ、金色の光を浴びてうれしそうです。

ここで話は一転し、黒雲が出てきて、お月さまを隠し始めました。

ねこも読者といっしょに心配するかのように、伸びあがって雲に呼びかけます。

すると黒雲は言いました。

「ごめん　ごめん　ちょっとおつきさまと　おはなし　してたんだ。では　さようなら　また　こんど。」

黒雲が去った後は、お月さまとの再会です。

しかも、今まで笑顔を見せなかったお月さまが、にっこり笑っているのですから、特別なうれしさです。


ある晩、私は二歳の孫息子といっしょに空を見上げ、「あ、お月さま」と言ったら、急に彼が「だめ　だめ　くもさん　こないで　こないで　おつきさまが　ないちゃう」というねこのセリフを言い出したので、驚いたことがあります。「もっかい　もっかい」と一度に十回も繰り返して読んでもらいたがるほど、この絵本が好きだったので、その文章が心にしみ込んでいたのでしょう。

ほかにも、この絵本を読んでもらった乳児が、空のお月さまを見て、知り合いに挨拶するように、「おつきさま　こんばんは」と呼びかけるという報告をよく聞きます。月をはじめすべてのものが自分と同じように生きている、と考えるのが、乳幼児のアニミズム的思考です。まだことばの獲得は十分でないにせよ、すべてのものに命があると思うことから、ぬいぐるみも、玩具の汽車も、自分と同じように生きていると思って遊びますし、コミュニケーションをとろうとするのです。

ですから、空にうかぶ満月は、乳児にとって命ある美しい存在なのかもしれません。

本作品は、乳児健診時に市町村が配布する、赤ちゃん絵本候補の一冊です。〝ブックスタート〟というこの活動は、子ども読書年である二〇〇〇年に始まり、絵本を通して親子の楽しい触れ合いを深めることをめざしてきました。

たとえばこの絵本で、乳児はお月さまのさまざまな表情の顔を喜びます。仮に読み語りに興味を示さなくても、養育者と絵を見ながらお話をしたり、繰り返される「おつきさま、こんばんは」ということばを、わらべうたのようにスキンシップしながらいっしょに言ってみたりするなど、乳児が喜ぶ遊びを試みることもできます。絵本で養育者と楽しく触れ合いながら蓄えたことばの数々は、やがて時にかなって、子どもの唇からあふれ出すでしょう。

すべてを肯定的に生かす

この絵本は子どもたちに人気のある作品です。愛すべきケチなおじいさんと、どんなことも「ありがとう」と喜んでしまうおばあさんが登場しますが、二人のやりとりがユーモラスです。

ざぼんじいさんの庭には、甘くて大きな実をつける柿の木がありました。みごとな柿の実がなると、ざぼんじいさんは「ああ、とろけちまうくらいあまいかき。わしのだいじなかきは、だれにもやるもんかい」と言って、近所の子どもたちに見せびらかしながら食べました。

ある日、隣に引っ越して来たのが、まあばあさん。ざぼんじいさんの家に挨拶に行き、柿の実を褒めると、おじいさんは「どうですか。おひとつ。ほれ、みごなかきのへたですよ」と言って、自分が食べたあとの柿のへたをおばあさんにあげました。

でも、まあばあさんは「まあ、ほんと。こんなりっぱなへたは、みたことありませんわ。ありがとうございます」と満面の笑顔で持って帰ったのです。ざぼんじいさんは、けげんそうな顔で見送りました。彼には、人の期待を裏切りたい、いたずら心が潜んでいるようです。

次の日、まあばあさんは、柿のへたでコマを作り、庭に子どもたちを集めてにぎやかに遊びました。そのコマの、よく回ること！　子どもたちがうらやましがって、へたを欲しがるのをこっそり見て、ざぼんじいさんは、柿の実を全部収穫し、物置に隠してしまいました。

対象年齢：3歳～

『ざぼんじいさんのかきのき』
作＝すとうあさえ
絵＝織茂恭子
岩崎書店

柿のへたをもらいに行ったまあばあさんと子どもたちは、がっかりです。そこで、ざぼんじいさんは言いました。

「がっかりしなさんな。いかがですかな。おひとつ」と残った柿の葉っぱをあげました。するとと、今度もまあばあさんは大喜びでもらって帰り、子どもたちと首飾りやお人形を作って遊びました。

ところが、今度もその楽しそうな様子をのぞき見ていたざぼんじいさんは、葉っぱを全部取ってしまい、葉っぱをもらいに来たみんなには、柿の枝をあげました。ところが、まあおばあさんは今度も喜びます。子どもたちも、おばあさんがうれしそうに受けとったので、喜んで枝を運びました。

次の日、枝を使ってまあばあさんが子どもたちといっしょに作ったのは、おいしい棒パン。ところが、それを見たざぼんじいさんは、後先考えずに柿の木を切ってしまいました。おじいさんに焼きたてパンを届けたまあおばあさんたちはびっくりです。

すると、おじいさんは、自分の大事な柿の木を台なしにしてしまったことにやっと気づき、泣き始めました。しかし、そのとき発したまあばあさんの一言が、思いがけない結末をもたらすのです。


本書では、ざぼんじいさんの子どもっぽい思いつきと行動が、子ども読者の笑いを誘います。おじいさんは、みんなが楽しそうにしているのが気に入らず、それ以上喜ばせないようにと、どんどん行動をエスカレートさせていくのです。ほんとうはうらやましがり屋で、自分も仲間に入って楽しく過ごしたい気持ちが潜んでいるのでしょう。

一方、まあばあさんは、ざぼんじいさんが予想外のどんなものをくれても、「まあ、うれしい。ありがとう」とおおらかに応えます。受け取るものがどんなものであれ、それを生かすことを考えるのです。

いつも喜んで受け取り、感謝するまあばあさんの前向きな生き方は、すべてのものを益とする、肯定感に満ちています。結局、その肯定的な発想が、ケチなざぼんじいさんの窮地をも包み込んでいくのです。

人を引き下げようとするマイナスの力に出合っても、それを包み込むほどの肯定的なプラスのエネルギーがあれば、勝ち負けではなく、ともに伸びていけることがよくわかります。

人が喜ぶのを阻止したいざぼんじいさんのマイナスな思いも、まあばあさんのどこまでも肯定的なプラスの力に導かれ、やがて人と分かち合って喜ぶ大人性へと変えられていきます。

本作品には、子どもたちの遊びのヒントも随所にあり、子ども読者が楽しめるでしょう。

お互いの良さを認め合う

この絵本は一歳半ごろから三歳くらいの子どもたちに大人気のベストセラーです。淡い色彩の絵が目と心にやさしく、デフォルメされた動物たちがユーモラスです。

主人公はぞうくん。「どれどれ、さんぽにでかけよう」とごきげんで歩き始めると、次々に仲良しの友だちに会います。

まずは、かばくん。ぞうくんは「いっしょにいこう」と散歩に誘います。するとかばくんは、「せなかにのせてくれるなら　いってもいいよ」と甘えるのです。「いいとも、いいとも」とやさしく答えるぞうくん。かばくんはぞうくんの背中に乗り、「ぞうくんは　ちからもちだね」と言います。

「うん　うん、ぼくはちからもち」とぞうくんも答えます。

この絵本では、登場人物が一人増えるごとに、この会話が丁寧に繰り返され、物語がゆるやかに進んでいきます。乳児が共感しやすい登場人物の会話、理解しやすいお話の流れなので、安心して、ストーリーを楽しめるでしょう。

次に登場するのは、わにくん。ぞうくんはわにくんも誘い、かばくんの上にわにくんを乗せて行くことになりました。

そして最後に会うのが、かめくん。すでに二人の友だちを背中に乗せ、かなりの重さに耐えているぞうくんですが、かめくんにも「いっしょにいこう」とやさしく声をかけます。

こうしてかめくんも、わにくんの上に乗り、「ぞうくんは　ちからもちだね」と言います。

対象年齢：1歳～

『ぞうくんのさんぽ』

作・絵＝なかのひろたか
レタリング＝なかのまさたか
福音館書店

このとき、「うん　うん、おもいぞ」と答えたものの、ついに転倒。

この「うわーっ」と崩れる場面が大好きな子どもたちが大勢います。ちょうど高く積んだ積み木を一気に壊すような感覚でしょうか。

そして、ぞうくんたちは「どっぼーん」と池の中に落ちます。でも「みんなごきげん。きょうは　いいてんき」。

ぞうくんシリーズには二作目の『ぞうくんのおおかぜさんぽ』もありますが、一作目とちょうど対を成すのが、三作目の『ぞうくんのあめふりさんぽ』です。

今度は、最も小さいかめくんが一番の力もちになって登場します。

さて、雨の日の散歩は、池の中。しかしぞうくんは、「泳げない」と言います。すると、それを聞いた友だち三人が、親切に順番で下にもぐり込み、ぞうくんが沈まないように、背中に乗せてくれるのです。いつもぞうくんを「ちからもち」とほめている皆が、今度はぞうくんに「ちからもちだね」とほめられます。

ところが、最後に小さいかめくんの上に、全員が乗ったので、池の中で転倒してしまいました。すると、意外なことにぞうくんは水に浮かび、泳いだのです。泳げないというのは、ぞうくんの思い込みで、ほんとうは泳げることに、皆が気づきます。

弱いところを助け合い、お互いに皆が力もちなのです。

「ぞうくんは　ちからもちだね」という肯定表現ですが、ぞうくんの良いところを認めることばであり、友だちを背中に乗せてあげたがゆえに発されることばです。そこで、ぞうくんも他者を通して自分の良いところに気づき、「うん　うん、ぼくはちからもち」と、肯定します。このような肯定的なコミュニケーションが、登場人物みんなをごきげんにさせ、読者をほっとさせるのではないでしょうか。

幼い子どもほど、まだ自分の長所がわかりにくいかもしれません。しかし、友だちやおとなの肯定的なことばを通してそれに気づき、お互いに長所を認め合うことができるようになるのでしょう。

私事ですが、『ぞうくんのさんぽ』は、我が子が幼いころ、父親と楽しんだ絵本でした。ことばあそびのように陽気に、父親が「ぞうくん」を「うぞくん」、「さんぽ」を「ぽんさ」と逆さまに読むので、「かばくん」は「ばかくん」になり、笑いの種でした。

父親が登場人物になりきって楽しむので、「お父さんは、読むの上手！」と絶賛され、気を良くして、ついには息子の幼稚園で、自主的に絵本の読み語りをさせてもらうようになりました。子どももおとなも、ほめられると力が湧くようです。

食べることの喜び

作者エリック・カール氏が、年の離れた妹クリスタさんの誕生祝いとして制作した絵本です。どの場面も美しく楽しい貼り絵（コラージュ）が、シンプルな文章とともにストーリーを織りなしていきます。世界中の子どもたちに愛され続けているロングセラーです。

ある晩、お月さまが空から「おや、はっぱのうえに　ちっちゃなたまご」と言いました。お月さまはやさしく静かに地上を照らし、葉っぱの上に、丸くて白い小さな卵を見つけたのです。すると翌日、日曜日の朝に、卵からあおむしが生まれました。生まれたばかりのあおむしは、おなかがぺっこぺこ。大きなおひさまが輝く中、食べものを捜しに出かけました。

絵本はページを繰ることによって、場面転換ができるおもしろさがあります。さらにこの絵本には、シンプルなしかけがあり、月曜日から金曜日まであおむしの食べた果物が一つずつ増え、食べた証しに小さな穴があいています。しかも、乳幼児の指先が入るくらいの穴なので、子どもたちは、そこに指を入れながらあおむしの動きを確かめることができるのです。
読み手も、たとえば「ムシャムシャ」とか「おいしい、おいしい！」などと言いながら、子どもと指先でひとしきり遊び、物語を読み進めていくことができるでしょう。

　想像力が発達するにつれて、子どもは絵の果物を自分でも食べるふりをしたり、読み手にも「はい、どうぞ」と言って、食べさせてくれたりします。

対象年齢：0歳～

『はらぺこあおむし』

作・絵＝エリック・カール
訳＝もりひさし
偕成社

　やがて土曜日、あおむしが食べたのは、見開きのページいっぱいに描かれたおいしそうな食べ物。子ども読者の大好きなものもあれば、まだ食べたことのないものもあるでしょうが、もちろん全部に、あおむしが食べた後の穴が開いています。

　この場面はことばあそびのように、少し早口で食べ物を指さしながら読むと効果的でしょう。あおむしの食欲にいっそう拍車がかかっていくのがわかり、迫力が増します。

　ところが、さすがのあおむしもついに腹痛を起こします。食べ過ぎておなかが痛くなることで親近感が生まれ、読者はあおむしをいっそう身近に感じるでしょう。

明けて日曜日。あおむしはまた葉っぱを食べて体調を整え、おなかも治りました。

こうして、今まで食べ続けたあおむしは、もうはらぺこではなくなりました。画面からはみ出しそうなほどみごとに大きなあおむしになったのです。それからさなぎになり、何日も眠りました。

最後の美しいクライマックスの場面は、ぜひ本でご覧ください。

この絵本は、多くの子どもにとって、ファーストブックになるようです。というのも、乳児が手にとって自分でページをめくりやすい、小さなサイズのボードブックとしても販売されているからです。

さらに年齢が進むと、歌をとり入れたり、劇遊びなどへも発展させられるでしょう。卵が孵化して幼虫からさなぎになり、やがて成虫になっていく、虫の完全変態を一冊の美しい絵本の中で全部見ることができるのは、大きな喜びです。それに自然科学の大切な学びにもなるでしょう。

あおむしにとって、食べることは生きること、そして成長することです。

食べることに喜びを感じ、姿を変えながら美しく成長するあおむしは、子どもたちに豊かな自己肯定感を与えてくれるでしょう。この絵本の中で、あおむしの誕生と成長を見守るお月さまやおひさまのまなざしは、神さまのように温かです。

『はらぺこあおむし』をはじめ、身近な子どものために愛情を込めて創られた手づくり絵本が、やがて出版され、不特定多数の子どもたちに愛されるようになるのは感慨深いことです。しかも赤い顔と緑の体の、この「はらぺこあおむし」はデザインとしても美しく、ユーモアがありますので、あらゆる年齢の読者に親しまれる魅力的なキャラクターといえるでしょう。

7

家族の温かさを感じる絵本

捨てずに生かす

本作品の原題は「SOMETHING FROM NOTHING」です。古いユダヤの民謡が基になっているようですが、「無から生まれるもの」というテーマをもっています。この絵本と同じ出自、テーマをもつのが、シムズ・タバック氏のアレンジによる、コルデコット賞受賞作の『ヨセフのだいじなコート』。こちらもすばらしい作品ですが、どちらかというと『おじいさんならできる』のほうがメッセージ性があり、おとな読者にとっては、味わい深く感じられるかもしれません。

ヨゼフという男の子がいました。ヨゼフと両親は家の二階で暮らしていましたが、一階には祖父母が住んでいました。おじいさんは、オーダーメイドの洋服屋でした。そして孫のヨゼフが生まれるとすぐに、「きもちよく　ぐっすり　ねむれますように。こわい　ゆめなんかみませんように」という願いを込めてすてきなブランケットを縫ってくれました。赤ちゃんのヨゼフは、そのブランケットに包まれていつも安心して眠りました。

ヨゼフが歩けるようになると、ブランケットは古くなり、汚れたり破けたりしたので、お母さんは「もう　すてましょうね！」と言いました。でもヨゼフは「おじいちゃんなら　きっとなんとかしてくれるよ」と祖父を訪ねました。するとおじいさんは、ブランケットからすてきなジャケットに縫い替えてくれました。ヨゼフは大喜びでそのジャケットを愛用しました。

しかしヨゼフが成長するにつれて、ジャケットが小さくなると、おじいさんのところで今度はすてきなベストに仕立ててもらいました。

対象年齢：3歳～

『おじいさんならできる』

作・絵＝フィービ・ギルマン
訳＝芦田ルリ
福音館書店

やがてベストも小さくなりますが、おじいさんの手で、すてきなネクタイに早替わり。ネクタイが古ぼけると、次はハンカチに。そのハンカチも破れて泥だらけになると、今度はすてきなボタン一個に変わり、ヨゼフは大喜びでサスペンダーにつけて、ズボンをはきました。

ところが、ある日その大切なボタン

を失くしてしまったのです。今度は、おじいさんにもどうすることもできませんでした。

しかしヨゼフは、翌日学校へ行くと、「ふうむ、どれどれ」とおじいさんの口調を真似て、「ちょうどいいものができるんだ」と言いながら、ペンを走らせました。そして、この絵本のような、〝ぼくとおじいさん〟のすてきな物語を書き上げたのです。

本作品のおもしろさは、階下にもうひとつの物語が描かれているところです。そのすてきな絵物語は、ぜひ絵本でご覧ください。


おじいさんが最初に赤ちゃんのヨゼフに縫って贈ったブランケットは、古くなり、何度も捨てられそうになりますが、そのたびに、ヨゼフがおじいさんに頼み、次々に新しい何かに作り替わっていきます。

ヨゼフのおじいさんに対する深い信頼と感謝。作り手と使い手が互いを生かそうとする深い愛情が、モノをも生かしていきます。ですから最後に、モノとしてのボタンがなくなってしまったときも、ヨゼフは、すぐにあきらめませんでした。おじいさんがヨゼフの成長の過程で与え続けてくれた愛情と知恵を見習って、考えたのです。

「無から何かを生み出す」のはたやすいことではありませんが、手づくりのものを通して長年育まれてきたヨゼフとおじいさんとのぬくもりに満ちた思い出こそが、創作の源泉となったのでしょう。

長年愛用してきた手づくりのものには、心が残ります。特にブランケットのように、モノを温かい養育者の代わりに「移行対象」として愛着してきた乳幼児は、そのモノから離れられません。移行対象とは、イギリスの小児科医ウィニコットが提唱した概念です。スヌーピーのマンガに登場するライナスの毛布のように、乳幼児の母子分離の時期に安心を与える身近なぬいぐるみ・人形・毛布・柔らかいタオルなど、その子ども特有のモノがあります。

愛着する子どものその気持ちを生かして、モノを捨てずに工夫して生かすところにも、物心両面を大切にしようとする思いが働くでしょう。ですから無から有を生むとは、たとえ目に見えるモノがなくなっても、その背後にある目に見えない心や思い出に支えられて、新しいものが生み出されるということではないでしょうか。

ヨゼフに寄り添い、その成長を見守るおじいさんの愛情は、神さまの愛にも似て、心に深くしみます。

ピンチはチャンスの時

からすのコメディともいえる絵本です。
からすが働き者としてユーモラスに擬人化され、からすだからこそ表現できる一羽一羽のユニークな表情も、群衆としてのおもしろさも、心ゆくまで楽しませてくれます。

「いずみがもり」にあるからすのパン屋さんに、四羽の赤ちゃんが生まれました。羽の色の黒い両親とは似ても似つかない赤・白・黄色・茶色の赤ちゃんでしたが、両親は子どもたちに、〝りんごちゃん〟〝おもちちゃん〟〝れもんちゃん〟〝チョコちゃん〟という名前をつけてかわいがって育てました。

親しみやすい食物の名前に命名されたのも、読者の子どもたちに対する作者の思いやりだと思います。

からすの両親は、毎日赤ちゃんたちの世話でてんやわんやでした。育児のために、パンを焦がしたり、お店の掃除が行き届かなかったりと稼業がおろそかになり、商売がだんだんと振るわなくなりました。しかし両親は一生懸命働き、いたずら盛りの子がらすたちも元気に育っていったのです。

　いつもおやつは失敗作のパンばかりでしたが、子どもたちは喜んで「これは　せかいじゅうで　おとうさんしか　やけない、めずらしい　おやつパンなんだぞ」と、友だちに見せびらかして食べました。

　すると、友だちのほうもおいしそうなおやつパンがうらやましくなり、それを食べてみたいと、お父さんがからすに注文しに来るようになりました。

　そこで一家は協力し、小さなお客さんの要望に応えて、楽しい創作パンを作りました。くるまパン・はぶらしパン・たいこパン・テレビパン・その他動物パンに果物パンなど、合わせて八十四種類もの珍しいパンばかりです。パン好きにはこたえられません。

対象年齢：2・3歳〜

『からすのパンやさん』

作・絵＝かこさとし
偕成社

さて売り出しの日には、おもしろくておいしいパンを一口でも早く食べたいと、夜明け前からお客さんが集まって来ました。

しかし、何かが「焼けた」と勘違いしたどこかのからすが消防隊を呼んだために、救急車や警官隊、やじ馬と報道関係者まで飛んで来たのです。

お父さんがらすは、その大騒動をみごとに乗り切り、全員をお客と見込んでパンを全部売りさばきました。こうしてからすのパン屋さんは、いずみがもりでも評判のりっぱなお店になったのです。


この絵本は、ロングセラーとして子どもたちの根強い人気を集めてきました。その魅力は、ユーモアたっぷりの絵、次々に起こるピンチへのワクワク感、からす一家がみごとにそれをチャンスに変えていく醍醐味《だいごみ》でしょうか。

最初にからす一家のピンチを救ったのは、手がかかるはずの子どもたちと失敗作のパンでした。子がらすたちは、失敗作であろうとも、かけがえのないお父さんの作ったパンだと喜んではばからなかったのです。それが何よりの宣伝になりました。

そこには、子どもたちの羽の色がみんな違っても、少しも気にせずに愛してくれるお父さんへの絶対的な信頼があったでしょう。だからこそ一家は、やがてユニークなパンを創作するチャンスを得たのだと思います。

次に、そのパンの売り出しの日、ハプニングが起こりました。ちょっとした手違いで、事故が起きたと勘違いされ、緊急車や報道関係者まで集まってしまったのです。そのピンチのとき、烏合《うごう》の大群をみごとに味方につけてしまった当意即妙のお父さんの機転は、なんと頼もしいことでしょう。

このようにピンチをチャンスに変えていくには、秘訣《ひけつ》があるようです。それは、ピンチの時だからこそ、天から与えられたすべての機会を十分に生かして用いる、前向きの姿勢でしょう。その根底を支えるのは、子がらすたちが父がらすを信頼したように、与えられたすべての機会を悪しきものではなく、良きチャンスであるとする発想かもしれません。

この絵本は、家族愛にも親子の信頼関係にも教訓臭がなく、安心感に満ちています。そして絵と文の醸《かも》し出す絶妙な笑いが、ピンチにある読者をもきっとリラックスさせてくれるでしょう。

その子ならではの成長をめぐって

親しみやすい絵と物語が子ども読者に大きな共感をよぶでしょう。息の合ったジオン夫妻の作品です。

主人公の少年トミーは、夏休みにアルバイトをすることにしました。トミーの家ではパパの夏休みが取れず、どこへも行けないので、何でも好きなことをしていいと言われたからです。

そこでトミーが考えたのは、旅行する近所の人たちの鉢植えを預かる仕事です。植木鉢一個で一日二セント。たちまちトミーの家の中は、お客さんの鉢植えでいっぱいになりました。

毎日トミーは、一つ一つの鉢植えに愛情をかけて、日当たりや水やりに配慮し、上手に世話をしました。そこで植木はどんどん大きくなり、家の中はまるでジャングルのようになってしまいました。

ごはんを食べるときやお風呂に入るときは、森の中へピクニックに行ったようですし、トミーは、こんなにおもしろいことは今までに一度もなかったと思いました。しかしパパは、植木が邪魔で、こんなにつまらないことは今までに一度もなかったとブツクサ文句を言いました。

そのうちに、トミーの夢の中では、植物が伸びすぎて家を壊す事態になったのです。そこで、危機感を覚えた彼は、図書館へ行き、植木の本を調べたり、園芸店で道具を買いました。

そして、伸びすぎたところははさみで刈り込み、それを挿し木にして、小さな鉢植えを増やしたのです。

やがて夏休みが終わるころ、近所の人は、トミーに預けた鉢植えを受け取りにやって来ました。みんなが、休暇前より鉢植えが元気になっているとお礼を言い、トミーにお金を払って帰りました。挿し木の小さな鉢は子どもたちにあげて、とても喜ばれました。

ところが、家から鉢植えが全部なくなったら、パパは、家中が植木だらけだったころが懐かしい、と言い出したのです。その後、トミーと家族はどう

対象年齢：5・6歳～

『はちうえは　ぼくにまかせて』

作＝ジーン・ジオン
絵＝マーガレット・ブロイ・グレアム
訳＝森比佐志、ペンギン社

なったのでしょうか。結末が楽しみです。

実際に、作者ジオン家では、休暇旅行中に植木の世話をどうするかが、悩みの種だったそうで、そこからこの絵本が生まれたようです。物語の中では、旅行に行けないトミーが登場し、自分にも人にも役立つアルバイトとして鉢植えを預かります。トミーのようにひがまずに、前向きな発想ができたらすばらしいことですし、子どもなりに責任をもってアルバイトをするという文化にも目を見張ります。

ここで思い起こすのは、新約聖書の「マタイの福音書」(二五章一四〜三〇節)にある「タラントのたとえ話」です。ある主人が、しもべの能力に応じて財産を預けて旅に出ました。わずかなものも大切にする良いしもべは、商売の労苦も担って、主人から預かったタラント(お金)を倍に増やしました。すると主人は喜び、しもべにそのタラントを与えます。しかし怠け者のしもべは、預かったタラントを失くさないように土の中に埋め、屁理屈をこねただけだったので、タラントを増やせませんでした。そこでがっかりした主人は、わずかなタラントも任せられないと、そのしもべの持っていたタラントまで人に譲らせました。

このタラントの意味は、神さまから授かっているさまざまな賜物、時間、健康、お金などのことでしょう。トミーにとって鉢植えがお客さまからの大切な預かりものであったように、タラントは、神さまからの喜ばしい授かりものです。

つまり、最初から祝福されているものなのですから、工夫して豊かに増やすことが可能です。しかし、トミーの場合も、もし鉢植えが自分の所有物だとしたら、意識して世話もせず、枯らしてしまうかもしれません。そう考えると、タラントは自分の所有物というより、天からの授かりものという視点で臨んだほうが、いっそう豊かにできるのかもしれません。

人間も植物も、成長する力はすでに天から与えられているのです。

この絵本では、トミーを理解し、信頼して終始見守り続けたママの姿が、温かくて魅力的です。

あなたは私のこころのひかり

主人公のお母さんの励ましが温かい、クリスマス絵本です。

クリスマス間近になり、動物の子どもたちは「かいばおけのあかちゃん」という劇を行うことになりました。やまあらしのぼうやは、この劇に出るのを楽しみにしていました。

しかし、鏡には不恰好な自分が映っています。きつねのようにふさふさとした赤い毛もないし、うさぎのように長い耳もなく、自信を失いかけていると、お母さんがぼうやをぎゅっと抱きしめ、「ぼうやは　かっこわるくなんか　ありませんよ。とげは　ぴかぴか　ひかっているし　めは　きらきら　かがやいているわ。ぼうやは　おかあさんの　こころのひかり」と励ましました。

元気を取り戻したやまあらしのぼうやはみんなのところへ走って行きますが、動物たちは、「おまえの　やるやくなんて　ないよ」と即座にはねつけました。そして、おまえが触ると、とげが刺さるし、贈り物が穴だらけになる、と口々にけなし、「ぶたいがかりなら　なれるよ」「そうじがかりなんて　どう?」とちゃかしました。こうして、どんなに小さな役でもいいから舞台に立ちたいという望みを、みんなで絶ってしまったのです。

しかし、泣きながら家に帰ったぼうやをお母さんは痛いほど抱きしめ、「ぼうやは　おかあさんの　こころのひかり。ぼうやは　みんなの　いちばんすてきな　ぶたいがかり　いちばんすばらしい　そうじがかりに　なれますよ」と励ましました。

対象年齢：4歳〜

『やまあらしぼうやのクリスマス』

作＝ジョセフ・スレイト
絵＝フェリシア・ボンド
訳＝みやちとしこ、グランまま社

こうして彼は、他の動物たちの配役決定や、衣装合わせをそばで見ながら、けなげに舞台係を務め、掃除をこなしたのです。

ところが劇本番、博士たちを導く星がないことに気づいた役者たちは、大慌て！

そのとき、やまあらしぼうやは言いました。「ほしのことなら　だいじょうぶ　まかせておいて！」と。

本作品では、「ぼうやは　おかあさんの　こころのひかり」というお母さんのことばが、ぼうやを何度も励まします。まさに聖書の「わたしの目には、あなたは高価で尊い。わたしはあなたを愛している」（旧約聖書・イザヤ書四三章四節）という意味でしょう。それが、自分を不恰好だと思っている彼の自己受容と自己肯定感を高めます。それがあって初めて、他者をも肯定し、尊ぶことができるのでしょう。

ですから、この絵本に見られるやまあらしぼうやへの動物たちの陰険なことばは、それを発する人自身の自己否定感や自信のなさを表していると思います。それが、いじめの根源ともいえるかもしれません。

また、本作品には子ども集団のリーダーになる調整役がいないため、やまあらしぼうやは子ども同士の力関係の中でいじめられ、排除されていきます。そのような背後で、お母さんやまあらしだけが、ぼうやの価値を宣言しますが、ここで注意しなければならないのは、お母さんにとって価値ある子どもなら、集団内でも特別視されるはずだと、母も子も思い込む場合があるということです。しかし、賢明なお母さんやまあらしはそれを踏まえ、「舞台係」でも「掃除係」でも「ぼうやなら最高の役ができる」と励ますのです。

子どもにとって、保育園、幼稚園、学校などの発表会やイベントは楽しみな反面、養育者が子ども同士を比較するという視線を強く感じる時かもしれません。

私も小学生時代、たとえ下手でも、自分のありのままを発表したかった思い出があります。夏休みの宿題の展示会に向けて、私が描いたつたない絵を見かねた継母が「こんなんじゃ、だめ！」と「雲の観察日記」の雲の絵を全部描き直し、継母が描いた絵を提出させられたからです。

継母は、子どもに下手な作品など発表させたくなかったのでしょうが、学校という舞台では子どもが主役です。下手な絵であれ子どもに任せてほしいし、わが子なりのがんばりを、背後で応援してもらえたらうれしかったのです。たとえ失敗しても、成長という道が開かれているのですから。

この絵本の結末では、やまあらしぼうやとともに、ハッピーエンドの喜びに包まれる読者が、多いことでしょう。

魔法を超える親の愛

スリルと愛情に満ちたストーリー、温かく美しい絵が読者を魅了し、小学生のおはなし会などでもよく用いられる絵本です。アメリカの人気漫画家ウィリアム・スタイグ氏の三作目の作品で、コルデコット賞受賞作です。

ロバの子シルベスターは、ムギ谷村のドングリ通りで両親と暮らしていました。彼の楽しみはめずらしい小石を集めること。

ある夏休み、シルベスターは、ビー玉のように丸くて赤い魔法の小石を見つけました。いろいろ試してみて、これから自分や両親の望みがすべて叶うと思うと、うれしくてたまりませんでした。

ところが、家路を急ぐ途中、いちご山でライオンに出くわしたのです。シルベスターは、とっさに小石の魔法で岩になり、ライオンから逃れました。しかし、小石はシルベスターの体に

対象年齢：5・6歳～

『ロバのシルベスターと まほうの小石』

作＝ウィリアム・スタイグ
訳＝せたていじ
評論社

触れないかぎり、魔法の効力が発揮できないのです。岩になってしまったシルベスターは、魔法の小石を持つことも、触れることもできずに、ロバに戻れず、無念にも、岩のまま眠って過ごすしかありませんでした。

一方、両親は、いつまでたっても帰らないシルベスターを心配し、手を尽くして捜しましたが、見つかりません。二人は失意のどん底に陥りました。

やがて季節はめぐり、五月のある晴れた日に、両親は、可愛い息子がいなくても元気を出そうと励まし合い、二人でいちご山へピクニックに出かけたのです。そして、お母さんは何気なく岩を見つけ、それがシルベスターの岩とは知らずに座りました。するとそのぬくもりで、シルベスターが長い眠りから目をさましたのです。

お父さんも魔法の小石を見つけ、「シルベスターが見たら、よろこぶだろうに」と、息子本人とは知らずに岩の上へ置きました。そのとき、お母さんは息子がいるような、不思議な気配を感じました。でも、岩になったシルベスターには、両親の声は聞こえても、何も見えず声も出ません。そこで、彼は……。

その後の両親との感動的な再会については、絵本でハッピーエンドを味わってください。

本作品は、喜びと落胆、幸せと危機のストーリーを合わせもっていますので、ドラマティックでおもしろく、それだけ読者を引きつける力があるのではないでしょうか。ここでスポットライトを浴びるのが、魔法です。

魔法をめぐる児童文学には、『ゲド戦記』(アーシュラ・K・ル=グウィン著、邦訳・岩波書店)、『クラバート』(オトフリート・プロイスラー著、邦訳・偕成社)、『ハリーポッター』シリーズ(J・K・ローリング著、邦訳・静山社)など、すぐれた作品がありますが、この絵本も、魔法のすばらしさと怖さの両面を扱っている点において、引けをとらないでしょう。

魔力をもつ物質を使った場合、その力を発揮できる条件が整わないと、魔法で変身した後、元に戻れない危険性があります。ですから最後にお父さんは、魔法の小石を、家族のだれもが軽々しく使えないように鉄の金庫にしまったのでしょう。

なぜなら「いつかはまほうがつかいたくなるでしょうが、今のところ、のぞむことがありませんでした。みんなののぞみがすっかり　たりたのですから」。この幸せな最終場面は、親にとって子どもの生還以上にうれしいことはない証しとして、子ども読者を安心させ、親の愛を追体験できるうれしい機会になるでしょう。

一方、シルベスターはいちご山で岩に変身した後、生還をあきらめて眠り続けますが、両親の愛にあふれた声を聞き、真剣に「ああ、もとのぼくになりたい。ああ、ほんとのぼくに　もどりたい！」と切望します。

それは、魔法の石が岩の上にあるのを知ってのことではなく、心の底からの唯一無二の望み、いわば祈りだったのではないでしょうか。それが実現したのは、魔法の効力が発揮される条件が整ったからでしょうが、シルベスターを愛してやまない両親がいちご山へ出かけたという幸運は、天に導かれての恵みだったように思えます。

この絵本は、魔法がいらないほどの幸せを味わったロバのシルベスター一家の物語ですが、魔法の不全やほんとうの自分という存在について、また親の愛が魔法を超えることについても気づかせてくれるのではないでしょうか。

8

「死」について
いっしょに考える絵本

別れのメッセージに癒される

本章では、登場人物が愛する人・ペットの死に出合い、悲嘆のうちにも少しずつ心に平安が取り戻される五冊の絵本を取り上げました。しかし、死との出合いは、個別的でデリケートな課題ですので、作品と子どもの年齢の関係のみで絵本をとらえるのは難しいと考え、対象年齢という枠組みをはずしてあります。

『おじいちゃんがおばけになったわけ』は、死による悲しみを癒すような、ユーモラスなストーリーと絵。読者の心を温かな感動で満たしてくれるデンマークの絵本です。

主人公エリック少年は、大好きなおじいちゃんのことを「じいじ」と呼んでいました。ところがある日、じいじは心臓発作で倒れ、死んでしまったのです。突然のことに、エリックは泣くしかありませんでした。ママはエリックを抱いて慰め、じいじは天国へ行って天使になるのよ、と言いました。パパは彼を抱き寄せて、じいじは土になるんだよと言いました。エリックにはどちらもぴんときませんでした。

するとお葬式が終わった夜、じいじがエリックの寝室に現れたのです。「じいじ、しんだんじゃなかったの？」とエリックは驚きました。おとぼけ顔もスーツ姿も生きていた時のままでしたが、おばけになったので、壁を通り抜けられます。「じいじ、おもしろいことになったね！」とエリックはいたずらっぽく言いました。

そのうち、おばけになった人はこの世に忘れ物があるらしいことを本で知り、ふたりはいっしょに探すことになったのです。しかし、じいじの家で写真を見ながら話しても、忘れ物は見つかりませんでした。

やがてエリックの部屋で、じいじは今までの自分の人生を語り、エリックと過ごした、ふたりの楽しかった思い出を語り合ううちに、忘れ物を思い出したのです。

「さてと」と前置きしてから、エリックの手をとり、彼への自分の思いを

『おじいちゃんがおばけになったわけ』
作＝キム・フォップス・オーカソン
絵＝エヴァ・エリクソン
訳＝菱木晃子、あすなろ書房

話し始めました。エリックの目にも、じいじの目にも涙があふれました。話し終わると、じいじは夜の闇の中へ静かに消えていなくなりました。エリックも窓から手をふりました。

さて、じいじの忘れ物がいったい何だったのか、感動の場面については絵本でご覧ください。

この絵本は死別の悲しみを扱っているのに、不思議なほどセンチメンタルにならず、ユーモラスで前向きな印象があります。その理由を、作品を通して考えてみましょう。

まずエリックの家族関係ですが、祖父の死を嘆き悲しむエリックを、理解ある両親が温かく見守ります。大切な人を亡くした遺族にとって、おとな自身が強い悲しみの中にあると、子どもの苦悩をケアするゆとりがなくなりがちですが、エリックの両親の場合は、息子の心へのケアもできて幸いでした。

たとえば、夜な夜なじいじのおばけが出たと話す息子の心身を案じ、学校を休むように勧めます。このように思いやりのある理解者が身近にいること、家の中に泣いてもいい場所、休んでもいい居場所のある安心感は、子どもにとって、愛する人との死別の試練を味わうのに、クッションになることは間違いないでしょう。

次は、じいじとエリックとの再会です。といっても、かけがえのない孫に言い忘れたことを伝えようと、おばけになって戻って来たわけですが、じいじは最初、何を言い忘れたのかさえ、忘れていました。ですから、おばけになった自覚もなかったのです。

しかし、ふたりで過ごすうちにじいじも思い出しました。何よりエリックの心を力づけたのは、じいじからの心温まる別れのメッセージだったでしょう。

今回は「さよなら」ができたからこそ、彼自身が祖父と同じことばで「さてと」と自らをうながし、「ぼく、あしたは、学校へいくよ」と両親に宣言できた気がします。

子どもが「死」をどのように理解しているかについては、まだ十分に研究が進んでいないようですが、小学校中学年ごろになると、「死」が一時的なものではなく普遍的であり、生き返らない不可逆性のものと、理解できるようになるといわれています。この絵本で、じいじがおばけとしてエリックのもとに現れたのは不自然ではありませんが、それが現実のすべての人に当てはまるとは限らないことを理解できる子どもと、まだ理解できない子どもがいるでしょう。

大切な人に伝えたいことば

心にしみる作品です。愛する家族やペットとの死別のつらさは筆舌に尽くしがたいものですが、その喪失感や悲しみをどのように癒すかについて、考えるきっかけをつくってくれるでしょう。

主人公の「ぼく」の家には、「エルフィー」という名の犬がいました。エルフィーは、子犬のときから「ぼく」や兄妹といっしょに育ちましたが、「ぼく」の犬でした。ママの花壇を掘り返したり、いたずらっ子だったので、家族はときどき彼をひどく叱りました。でもみんな、エルフィーが大好きでした。好きなら好きだと言ってやればよかったのに、だれも言いませんでした。言わなくてもわかると思っていたからでしょう。

やがて時がたち、「ぼく」の背が伸びるとともに、エルフィーも年をとって、どんどん太っていき、階段も上れなくなりました。「ぼく」はエルフィーを抱いて、「ぼく」の部屋へ連れて行き、毎晩寝る前にかならず「エルフィー、ずーっと、だいすきだよ」と言ってやりました。きっとエルフィーはわかってくれたと思います。

ところが、ある朝、目を覚ますと、エルフィーが死んでいました。「ぼくたち」家族は、みな悲しみ、肩を抱きあって泣きました。そして、エルフィーを庭に埋めました。「ぼく」もとても悲しかったけれど、毎晩エルフィーに「ずーっと、だいすきだよ」と言ってやっていたので、いくらか気持ちが楽でした。

「ぼく」はいつの日か、また犬やねこや金魚を飼うかもしれません。でも、何を飼っても毎晩かならず「ずーっと、ずっと、だいすきだよ」と言ってやりたいと思いました。

『ずーっと ずっと だいすきだよ』
作・絵＝ハンス・ウィルヘルム
訳＝久山太市
評論社

日本では、「死」を視野に入れた「命の教育」は、まだ十分には進んでいないようです。しかし、死を知ることによって初めて、命の重さを理解し、生きる喜びや感謝の心を育むこともできるのではないでしょうか。

子どもたちは、この絵本のように、ペットを通して「死」について学ぶことが多いようです。個人差はありますが、一般的に小学校中学年ごろには死の普遍性を理解し、青年期までには、さらに死についての成熟した理解が進むようです。それとともに大切なのは、葬儀を行ったり周囲が悲しみの表現をしたりすることで、「死」に対する悲しみの感情や、死の普遍性に対する子どもの理解度も、実体験として深まるといわれます。

死の喪失感を癒す、グリーフケアも重要です。おとなでも、愛する人や動物の死を受容するには、長い時間が必要ですが、この絵本のように、生前に愛情を伝え合うことで、悲しみが軽減される場合もあるでしょう。

ある男児が祖父と言い争いをして憤りを感じ、「おじいちゃんなんか大嫌い！　早く死んじゃえばいい」と悪態をついたそうです。ところが、その直後に祖父が事故に遭い、他界してしまいました。そのため男児は、自分のせいで祖父が死んだのではないかという罪悪感にとらわれ、長い間苦しんだと聞いたことがあります。

私たちにはいろいろな感情があるので、本音とは裏腹に、不用意なことばを吐いてしまうこともあります。しかしそのようなときも、心を神さまに向けて神さまと対話し、お祈りの中でその愛に包まれるなら、自責の念が癒され、気持ちが楽になるかもしれません。神さまは、私たちを罰したり、責めたりする方ではありません。神さまこそ私たちの心に寄り添い、「ずーっと、ずっと、だいすきだよ」と言ってくださっているのです。

愛する伴侶を天に送られたある女性が、悲しみの中でも「夫は天国に召されたので、もうこれ以上喪《うしな》うことがないと思うと安心です」と言われました。

私も、いつもかばってくれた最愛の祖母が亡くなったとき、非常に落ち込みました。しかしある晩、祖母が高い門の向こう側で、スキップしながら花を摘んでいる夢を見たとき、もう天国にいるのだと安心しました。生前、祖母に言えなかったことば、「おばあちゃん、ありがとう。今でも大好き」と、天に向かって伝えています。

この絵本はペットを飼う子どもたちの共感も深め、気づきや癒しを与えてくれるでしょう。

天国への愛の手紙

子どものときにお父さんを亡くした、作者の実体験をもとに描かれた絵本です。長谷川さんの絵本はユーモラスで温かい作風で、生まれてきたこと、生きていることへの喜びにあふれています。しかし、本作品ではそれが逆に、読者の感涙を誘います。第十九回けんぶち絵本の里大賞受賞作品です。

「はいけい、てんごくの　おとうちゃん、げんきに　してますか」

この絵本は、主人公「ぼく」から天国のお父ちゃんに宛てた大阪弁の手紙です。

その魅力は、子どもの立場から父親の死が率直にとらえられ、その思いが本音で綴られているところでしょう。

主人公がまず、お父ちゃんに伝えたいのは、ぼくたちは三人家族になったけど、元気にやっているということ。周囲の人は、ぼくがまだ小さいのに、お父ちゃんが死んでしまってかわいそうだと言い、学校でも、図工の時間にお父さんの絵を描くとき、お母さんの絵でもいいよと、先生も気遣います。

しかし、かわいそうなのはぼくより、死ななければならなかったお父ちゃんじゃないか、と言うのです。

父への思いやりあふれる後悔も語られます。

お父ちゃんは、キャッチボールをよくしてくれたね。ぼくはうまくできなくて泣いて帰ったけど、もっとキャッチボールしてあげればよかった。何か悪いことしてどつかれたことあったけど、もう一発くらいどつかれてもよかったと思う、とも言うのです。

それから、大切な思い出。

お父ちゃんが連れて行ってくれた所。お母ちゃんは買ってくれなかったけど、お父ちゃんが買ってくれてうれしかったもの。どんな小さな思い出も、彼の心の中では涙が出るほど懐かしく、お父さんに愛された記憶として、

『てんごくのおとうちゃん』
作・絵＝長谷川義史
講談社

その後も彼の成長と自立を支えていることがわかります。

この絵本のように、気持ちが落ち着いたときに、亡き人に宛てて手紙を書くことも、死別による悲しみを対象化し、現在の暮らしを見直すうえで役に立つかもしれません。お父さんを亡くしてもユーモアを失わない「ぼく」。それだけでなく、お父さんが亡くなったからこそ、お父さんのことを思ってしっかり生きようとする、子どもらしい豊かな表情は、まさに長谷川ワールドならではといえるでしょう。

この作品のように、故人の思い出は、遺族にとって宝物のように懐かしいことが多いと思いますが、逆の場合もあり、また、思い出がない場合もあるでしょう。

私事ですが、私には生母の記憶がありません。生母は私が一歳のとき、結核で他界しました。ほんとうは、医師に出産も止められたそうですが、命がけで私を産んでくれました。それほど大きな恩恵を受けてこの世に誕生したのに、実母の顔さえ覚えていないのはとても残念です。生後すぐ、母代わりに赤ん坊の私の世話を引き受けてくれたのは、祖母でした。

二歳のときに新しい母が来てくれました。生家ではすべてのことが秘匿されていましたが、この母が継母だと判明したのは、大学入学のために戸籍抄本を取り寄せたとき。

それまで長い間、妹たちへの処遇とは違う、私への母の理不尽な差別を感じてきましたが、真実が明らかになり、心が楽になりました。愛されない理由がわかったからです。

しかし生母、祖母、継母を含めて、それまで何人ものお母さんたちのお世話になり、生かされてきたことがわかって感謝しました。授乳時、現在のような粉ミルクがなかったので、赤ちゃんのいる知り合いのお母さんを頼り、もらい乳をしたこともあったようです。おばあちゃん子として温かい祖母のぬくもりを受け、乳幼児期を過ごせたのは幸いでした。祖母がかばってくれたので心が守られ、自己肯定感が完全に損なわれることはありませんでした。

この『てんごくのおとうちゃん』の絵本は、天国の生母と祖母に手紙を書きたいと思うほどのパワーを私に与えてくれました。きっと読者の心にも、お父ちゃん思いの主人公のやさしさ、健気さが、ぬくもりを与えてくれることでしょう。

もうすぐ四年生になる主人公の頼もしい心意気を、ぜひ絵本でご覧ください。

限りある命を知ること

作者セバスティアン・ロート氏が魅力的なイラストと文を担当した処女作で、九か国語に翻訳されています。一見、赤ちゃん絵本にも見えるわかりやすくかわいいイラストですが、死別をめぐる深みのある作品です。

がちょうのヨランテと、かめのクリズラは大の仲良し。ヨランテは、百二十七歳のクリズラが大好きで、毎日いっしょに遊びました。ふたりで本を読んだり、泳いだり、旅行にも出かけて楽しく過ごしました。何でも話せたし、朝までいっしょにいることもありました。

ところがある秋、だいすきなクリズラがいなくなったのです。不思議に思って友だちに聞いてみると、彼らは「クリズラが〈このよをさる〉ときがきたんだよ」と言いました。

しかし、それがどういう意味か、ヨランテにはわかりません。

足をバタバタさせ、「かえしてよ！　だいじなともだちなんだから！　……クリズラ、なんでいなくなっちゃったの?」とわめきました。しかし、辺りはシーンとしたまま。

　そこでヨランテは、あちこちをくまなく捜しまわりました。近いところも遠いところも。クリズラを捜して旅にも出ましたが、見つかりません。ヨランテはもう一度、クリズラの住んでいたレタス畑へ行ってみました。そしてレタスを抱え、目をつむってクリズラのことをじっと考えると、友だちの言っていた意味がやっとわかったのです。

『もうなかないよ、クリズラ』
作・絵＝セバスティアン・ロート
訳＝平野卿子
冨山房

「クリズラは……もういないんだ!」ということ。

　目をつむればクリズラの姿が見えましたが、家へ帰って毛布を抱きしめると、とめどなく涙がこぼれました。ところがその晩、ヨランテはクリズラに会えたのです。

　どんなふうに会えたかは、絵本でご覧ください。


　とてもシンプルで愛らしい絵。文章にも無駄がなく、大切な友だちクリズラを亡くしたヨランテの悲しみがまっすぐに伝わってきます。しかし、「死」というものに対する子どもの理解度によっても、受け取り方が違うかもしれません。

幼児期の子どもは、すべてのものが自分と同じように生きているというアニミズム的感覚をもっています。しかし、命があるのは生き物だけだということが、年齢とともにわかり、さらに、命にも限りがあるのだという、死の不可避性が理解できるようになるのは、小学校中学年ごろと言われます。けれども四歳くらいでも、両親の死についてはわかり、「パパやママにもう会えなくなること」を最も恐れているのです。

かと思うと、スイッチひとつで死者が生き返る、バーチャルリアリティゲームなどの影響か、中学生の中にも、死の不可逆性が理解できず、人は死んでも生き返るものと誤解する児童もいるようです。ですから、死についての成熟した理解が得られるようになるのは、おおよそ青年期までの時間を要するでしょう。

日本では、昔から「死」をタブー視したり、特に子どもを「死」から遠ざける傾向があったようです。しかし子どもだからといって、身近な人の死を隠ぺいするのではなく、養育者とともに葬儀に参列し、遺族の悲しみを身近に感じたり、周囲の人とともに故人を懐かしんだりする体験が大切になるのではないでしょうか。

死はいつも突然やってきて、遺族につらい喪失体験を迫りますが、子どもが死を理解できる度合いに応じて、どんなときでもその心に寄り添い、不安にならないように死の意味を伝えていく必要があると思います。命には限りがあり、だれもが、この世を去る時が来るのだと知ることは、子どもにとって、限りある命を大切にし、より良く生きることにもつながるのではないでしょうか。

この絵本は、死が理解できる子ども読者にとって、ヨランテを通してクリズラ喪失の悲しみに共感し、悲しむことで死を受け容れていくグリーフワークの大切さも、追体験できるでしょう。さらに、悲しみが和らぐ希望についても、気づきが得られると思います。

おとなのためのグリーフワークの絵本

作者スーザン・バーレイ氏が、亡き祖母のために描いた美しい絵本です。ご自身の思いは登場人物のモグラに託されているということ。小学三年生の国語の教科書にも掲載されていますが、主人公が死を達観しているため、授業でていねいに登場人物の心理などを考察した後のほうが、子ども読者も死や喪失について、とらえやすくなるかもしれません。この絵本は、年齢や体験が増すごとに味わい深くなると思いますので、おとなの読者のほうが共感を得やすいでしょう。

主人公は、だれからも慕われる賢いアナグマ。もうずいぶん年をとっていたので、自分の死期が遠くないことも知っていました。しかし彼は、自分のことよりも、後に残る友だちのことが心配で、自分が死んでもみんながあまり悲しまないようにと、願っていました。そして死が訪れた時のために、お別れの手紙を書いたのです。

「長いトンネルのむこうに行くよ　さようなら　アナグマより」

しかし、森の仲間たちは、いざアナグマの死に出合うと、みんな悲しみに暮れました。アナグマと親しかったモグラも、いつもそばにいてくれたアナグマを喪《うしな》って、涙とともに冬を過ごしました。

『わすれられない おくりもの』
作・絵＝スーザン・バーレイ
訳＝小川仁央
評論社

しかし春がめぐってくると、仲間たちは互いに行き来して、アナグマの思い出を語り合ったのです。どの人にもアナグマの思い出がありました。彼は仲間の一人ひとりに、死別したあとでも宝物となるような知恵や工夫を遺していったのです。

ハサミ使いの名人モグラにも、スケートの名人カエルにも、ネクタイ結びの名人キツネにも、料理上手なウサギの奥さんにも、最初にその技を教えたのはアナグマでした。彼はどの人も上達するまで、そばで見守ってあげたのでした。

さて、アナグマからのおくりものに気づいたモグラはどうしたでしょうか。

この絵本の原題は"BADGER'S PARTING GIFTS"ですが、"PARTING GIFTS"には、餞別または置きみやげという意味があります。この作品では、小川仁央氏により絵本の内容に沿って、「わすれられないおくりもの」と名訳されました。

アナグマは森の仲間たちのために、わすれられないおくりものを遺していきましたが、同時にそれによって彼は、亡くなってからも仲間とともに生き続けることができるのでしょう。

もう一つ重要な意味をもっているのが、アナグマからの別れの手紙だと思います。長い文章ではありませんが、それは、残された仲間にとって、死別の悲しみを、わずかに和らげるものだったのではないでしょうか。大切な人にいきなり他界されるよりも、故人が死への予感を見つめていたこと、最期まで友のことを思いやっていたことがわかる、アナグマの遺した手紙は、「わすれられないおくりもの」の一つかもしれません。

この絵本では、グリーフワークについてもヒントが与えられています。

喪失の悲しみに対応する方法として大事なのは、十分に喪失を悲しむこと、そして、その悲しみを人と分かち合うことのようです。カウンセリングなどもいいでしょうが、この絵本のように、故人を慕う仲間同士が共感し合いながら分かち合うことができるなら、悲しみはいっそう癒されるでしょう。しかし現実的には、同じ故人の死別に際しても、悲しみや心の回復のしかたは、一人ひとり違うものだと思います。

時に悲しみのつらさを吐露すると、「早く忘れたら？」などと思いがけないことばを受けることがありますが、それには、悲しむのはよくないというニュアンスがあり、当事者を二重に苦しめることになるでしょう。

忘れられない悲しみも、時間をかけて少しずつ癒されていくと思われますが、かけがえのない故人を喪った現実に適応できなくて苦しんでいる方の場合には、「悲しみを抱えたままでも大丈夫」と、肯定してあげる必要があるでしょう。グリーフワークのどの段階においても、つねに今の心の位置を肯定することが、自他ともに大切だと思います。

おわりに

本書をご高覧いただき、ありがとうございました。

子どもは、たとえ戦禍や災害に怯えていても、信頼できるおとなの膝の上で絵本を読んでもらうときだけは、安らいだ表情になるという、国際児童図書評議会の報告があります。

ですから、二〇一一年の東日本大震災後、被災地の避難所にいる子どもたちに、全国から二十三万冊以上の絵本が届けられました。

その中でも、「すえもりブックス」代表で、すぐれた絵本編集者である末盛千枝子氏を中心として立ち上げられた絵本プロジェクト活動は迅速でした。その活動を取材したノンフィクション作家・歌代幸子氏によれば、まだ食べものが十分でなかった時期でも、子どもたちは絵本の読み語りに夢中になって聴き入り、贈られた絵本の中から、各自うれしそうに持ち帰ったのは、かつて家族や先生に読んでもらった絵本、家庭にあった懐かしい絵本ばかりだったといいます（『一冊の本をあなたに――三・一一絵本プロジェクトいわての物語』〔末盛千枝子ブックス〕現代企画室、二〇一三年）。

絵本はページを開くと、想像の世界へと希望の道が開かれていますし、ストーリーだけではなく、それを読んでもらったときのぬくもりがよみがえり、大切な居場所を取り戻したような気持ちになるのではないでしょうか。そのように絵本は、子どものいのちを深いレベルで支え、心を育む糧ともなるのでしょう。

私自身にとっても、絵本は、魅力的な主人公や登場人物と出会えるチャンスであり、またいっしょに読む人を通して、豊かな気づきをいただける心の糧です。

今まで短大の授業で、学生さん一人ひとりに読み語りをしてもらいましたが、あるとき、あの長い『おしいれのぼうけん』（ふるたたるひ・たばたせいいち作、童心社、一九七四年）を全部暗唱しており、絵本の画面を見せながらきわめて上手に語ってくれた十八歳の女学生がいました。

みんなが感動して、いつ覚えたのかを尋ねると、子どものころに、という答えでした。彼女は子ども時代、この絵本の好きなお母さんに読み語りをしてもらうのが楽しみだったそうですが、両親が離婚し、彼女はお父さんと暮らすことになったので、毎日自分で音読したそうです。この絵本を開くと、離れていても、お母さんの声が聞こえるようだったといいます。

でも今は、自分がお母さんに読んであげているのだと、うれしそうに話していました。

絵本は、ストーリーを物語る絵を手がかりにして、想像の世界と現実とを自由に往き来し、私たちに多様なしあわせのあり方を気づかせてくれる気がします。

＊　＊

本書は、いのちのことば社の教会学校教案誌「成長」で連載された「絵本の泉」を再構成し、さらにお薦め絵本のガイドを加筆してあります。赤ちゃんや高齢者にも親しんでもらえる絵本、「死」についていっしょに考える絵本も加えました。

本書の出版にあたっては、いのちのことば社出版部の米本円香さんをはじめ、出版部編集課のみなさまに大変お世話になりました。本書表紙の絵は、クリスマス物語絵本『イエスさまのおたんじょう　ほしの よる』を本書でご紹介した、童画家で絵本作家の有賀忍さんによる板絵「灯火静穏」です。有賀忍さんにお願いして、本書のタイトル『絵本の泉』を豊かにイメージできる、念願の「灯火静穏」を使用させていただきました。

また、信仰の先輩田崎比奈子さんには、教会学校教案誌「成長」の「絵本の泉」を初回からお読みいただき、毎回励ましのお手紙をいただきました。

「成長」誌で「絵本の泉」連載中にお世話になった編集者のみなさま、病身の私を祈り支えてくださった教会のみなさまにも、心より感謝申し上げます。

二〇一八年八月

高原典子

索　引

あ

か

さ

た

著者

高原典子（たかはら・のりこ）

1952年、東京都生まれ。

共立女子大学家政学部生活美術学科卒業。お茶の水女子大学大学院家政学研究科児童学専攻修了。

元小田原女子短期大学特任教授、秋草学園短期大学元教授（専門は「児童文化」）。

絵本の著作に、『はるかぜさーん』（学研おはなしえほん）、『ろばのみみをしたおうじ』『トム・チット・トット』（以上、学研えほん館世界むかしむかし）、『ママぞうさんのおたんじょうび』『ポッポさんのぼうし』『さあ、とんでごらん　！』（以上、学研ワールドえほん）などがある。

幼稚園児や小学生対象のおはなし会、保育所・学童保育などの保育者研修にも携わる。お茶の水女子大学児童文化研究誌『舞々』同人。

絵本の泉
――心を育む絵本の名作 40

2018年10月20日　発行
2019年 2 月 5 日　再刷

著　著　高原典子
装丁&デザイン　yoshida grafica　吉田ようこ
印刷製本　日本ハイコム印刷株式会社
発　行　いのちのことば社フォレストブックス
〒164-0001 東京都中野区中野2-1-5
Tel. 03-5341-6922（編集）
03-5341-6920（営業）
Fax.03-5341-6921
e-mail : support@wlpm.or.jp
http://www.wlpm.or.jp/

ISBN 978 - 4 - 264 - 03957 - 0